El día que sus cadenas cayeron

Mi travesía del cautiverio a la libertad

Autora: Dra. Ana María Serrano

El día que sus cadenas cayeron
Mi travesía del cautiverio a la libertad

Autora: Dra. Ana María Serrano

Todos los derechos reservados © 2025
Ninguna parte de este libro puede
ser reproducida o transmitida de ninguna
forma ni por ningún medio sin el
permiso por escrito de la autora, Dra. Ana Serrano.
ISBN: 978-1-972541-00-5 - Tapa blanda - Español
ISBN: 978-1-972541-01-2 - Versión digital - Español

Las citas bíblicas, salvo que se indique lo contrario, han sido tomadas
de la Biblia Amplificada® (AMP).
Copyright © 2015 por The Lockman Foundation.
Usadas con permiso. Todos los derechos reservados.
www.Lockman.org

Publicado por Editorial #JEL
Jóvenes Escritores Latinos
Producido por: Miriam Burbano
info@editorialjel.org

Para contactar a la autora, Dra. Ana Serrano:
anaserrano@lasvalientes.org

Dedicatoria

Este libro está dedicado a Dios,
mi madre y a las mujeres a las que sirvo.

Dra. Ana María Serrano

Agradecimientos

Dios, por liberarme, guiarme a mi tierra prometida y cumplir la promesa que me hizo hace tantos años.

Erica Alfaro, por animarme no solo a escribir mi libro, sino también por ayudarme con la redacción y edición del mismo.

John Barge, por crear la portada del libro y plasmar en arte la visión que Dios me dio.

El sitio web de John es www.johnbarge3.com

Mi madre y mi abuela, quienes nunca me dijeron: "Te lo dije". Las amo a ambas por siempre.

Linda, mi madre espiritual, quien me condujo al Señor con amor y nunca se rindió conmigo.

Mis hijos Joshua y Jacob, gracias por crecer conmigo y por ser mi razón para seguir adelante incluso en los momentos difíciles. Los amo siempre. Su mamá.

Dra. Ana María Serrano

Capítulo 1
(Entretejidos, Salmos 139:13)

Mi historia comienza con mis padres, quienes eran originarios de México: mi madre del estado de Tamaulipas y mi padre de Iztapalapa. Se conocieron en Iztapalapa cuando mi madre tenía apenas 14 años y mi padre 16. Mi madre tenía el cabello largo y negro, era delgada, sus ojos eran negros y medía 1.50 m (4'11"). Mi padre, por su parte, no era un hombre especialmente atractivo; medía aproximadamente 1.57 m (5'2"), era delgado, de ojos y cabello oscuro. Mi madre siempre fue cariñosa, obediente y muy responsable, incluso siendo adolescente. Mi padre, en cambio, era un "mujeriego" y no una persona responsable. Mis padres tenían personalidades opuestas y veían la vida de manera diferente.

Cuando mi madre tenía aproximadamente 14 años, fue coronada reina de un festival. Aunque el fotógrafo del certamen tomó fotos, la familia de mi madre era tan pobre que no tenía dinero para comprarlas o revelarlas. Como a mi madre le encantaba bailar, una noche asistió a un baile local, y fue allí donde mi padre la vio y le pidió bailar. Más que su apariencia, lo que llamó la atención de mi madre fue que mi padre sabía bailar.

A partir de ahí, comenzó la relación. Cuando mi abuela se enteró de su noviazgo, no estuvo contenta. A mi abuela nunca le gustó mi padre; a menudo decía: "Él es demasiado feo para ti." Mi madre estaba profundamente enamorada de mi padre y decidió continuar su relación a pesar de la desaprobación de mi abuela. Un par de años después, mi padre llevó a mi madre a vivir con una de sus hermanas. Desde el principio, la familia de mi padre rechazó su relación, simplemente porque mi madre provenía de un entorno humilde. Esa desaprobación marcó el inicio de una historia llena de dolor, rechazo y dificultades.

Cuando mi padre llevó a mi madre a vivir con una de sus hermanas, quien la trató bien, se dio cuenta de que mi madre era una buena mujer y trabajadora. Cuando mi madre quedó embarazada por primera vez, mi padre —inmaduro y desleal— le exigió que abortara. Presionada y asustada, ella accedió. No mucho tiempo después, quedó embarazada nuevamente y una vez más se vio obligada a interrumpir el embarazo. A pesar de sus infidelidades y los constantes conflictos, permanecieron juntos—quizás por costumbre, dependencia emocional o la ingenua esperanza de que algún día él cambiaría.

Mi padre era un típico "machista" (sexista) y le hacía saber a mi madre en todo momento que él mandaba y que ella debía obedecerlo. Mi madre me ha contado de ocasiones en las que mi padre fue abusivo con ella en todos los sentidos, algo que era muy común en la cultura latina. Mi madre tenía 17 años cuando quedó embarazada por tercera vez—esta vez, de mí. Una vez más, mi padre insistió en que se deshiciera del bebé. Habiendo pasado por eso antes, intentó el mismo té de hierbas que había usado previamente para provocar un aborto. Pero esta vez, no funcionó. Ese momento se convirtió en un punto de inflexión. Por primera vez en su vida, mi madre tomó una decisión audaz y definitiva. Se enfrentó a mi padre, lo miró directamente a los ojos y dijo: "¡No voy a abortar! ¡Me quedo con este bebé!"

Furioso, mi padre la dejó y se fue a vivir con otra mujer. Cuando mi abuela María—la madre de mi madre—se enteró del embarazo, ella también intentó convencer a mi madre de que lo terminara. Aún guardaba un profundo resentimiento hacia la familia de mi padre por la manera en que habían menospreciado a su hija. Aun así, mi madre se mantuvo firme y decidió continuar con el embarazo.

Mi abuela María era la matriarca de la familia, y nadie se atrevía a desobedecerla, pero por primera vez en su vida, mi madre desobedeció a mi abuela y me conservó. Mi abuela María medía aproximadamente 1.52 m (5'0"), era robusta pero no gorda, tenía el cabello corto y castaño, y ojos negros. Mi abuela era severa, determinada y ferozmente protectora con su familia, pero mi madre y sus hermanos sabían que ella estaba al mando.

Después de que mi madre y mi padre se separaron, mi madre se enteró de que la nueva pareja de mi padre ya estaba embarazada de unos meses —y esta vez, en lugar de dejar a la otra mujer mientras estaba embarazada, se quedó con ella. A menudo pasaba en su bicicleta frente a la casa de mi madre con su nueva novia, mostrándola orgullosamente mientras mi madre me llevaba en su vientre. Eso le dolió profundamente. Pasó el parto sola, con solo mi abuela a su lado.

Fui nombrada en honor a mi abuela: Ana María. Cuando llegó el momento de llevarme a casa, mi madre y mi abuela no tenían dinero para pagar la factura del hospital, así que uno de los amigos de mi madre donó su sangre para que pudiera ser dada de alta. No fue hasta que yo tenía un mes de edad que mi padre se comunicó, pidiendo conocerme. Esperando que él hubiera cambiado, mi madre accedió. Me contó que se encontraron en una tienda cercana, en algún momento de la tarde. Pero cuando mi padre me vio, su reacción fue cruel e inesperada. Me miró y dijo enojado que yo no podía ser su hija.

—Esa niña no es mía; en mi familia, todos los bebés nacen con cabello completo y esta está calva —exclamó mi padre

Dolida y furiosa, mi madre respondió:
—Mírala bien, porque esta será la última vez que la verás.—

Y lo dijo en serio.

Mi madre estaba herida y regresó a la casa de mi abuela, una pequeña vivienda con solo una habitación. Como me tenía que criar, comenzó a trabajar. Aproximadamente tres meses después, mi padre volvió a comunicarse con mi madre, queriendo verme, y ella aceptó. Nuevamente, se encontraron unos días después, en algún momento de la mañana. Mi padre le suplicó a mi madre que se escapara con él y comenzaran de nuevo en un pueblo nuevo. Incluso le dijo que ella sería la "catedral" principal y que las otras mujeres serían las "pequeñas catedrales".

Era común en México que un hombre tuviera a su esposa o novia y además otras mujeres a escondidas. Pero mi madre no aceptó nada de eso y le dijo que no, porque él ya tenía otra mujer y un hijo, y además seguía negándose a reconocerme como su hija. Para entonces, el daño ya era irreversible. Mi madre dijo que no. Todavía cargaba con el dolor de aquellos días en que él pasaba frente a su casa con otra mujer mientras ella lloraba en silencio, embarazada de mí.

Unos meses después, mi abuela paterna pidió conocerme. Pero mi abuela, María, aún dolida y ferozmente protectora, se negó. No permitiría que la misma familia que había rechazado y humillado a su hija se acercara ahora a mí, como si nada hubiera pasado.

Como mi madre ahora tenía toda la responsabilidad de mantenerme, tomó una decisión difícil cuando yo aún era un bebé. Se mudó a Matamoros—una ciudad cerca de la frontera con Texas—para trabajar con una amiga, dejándome al cuidado de mi abuela María.

Mi abuela fue mi cuidadora principal y figura materna, y junto a ella, mi tía y dos tíos también cuidaban de mí. Ella me arrullaba cada noche para dormir, cocinaba mis comidas favoritas, me cuidaba cuando estaba enferma y me consolaba cuando lloraba. Cuando mi abuela tenía que trabajar o salir por unos minutos, mi tía y mis tíos se encargaban de mí. Me sentía profundamente unida a ellos. Por otra parte, apenas conocía a mi madre porque ella tenía que trabajar y solo venía a verme cuando podía; se convirtió en una figura distante. Y el vínculo emocional que deberíamos haber desarrollado estaba ausente.

Mientras mi madre trabajaba en Matamoros, conoció a Víctor, un estadounidense que servía en la Fuerza Aérea de Estados Unidos. Víctor era un hombre apuesto, de piel clara, ojos azules y cabello castaño, medía 1.68 m (5 '6 ") y estaba en forma por su entrenamiento en la Fuerza Aérea. Víctor era joven y tenía solo 19 años cuando conoció a mi madre, que tenía 21 en ese momento, pero era amable y cariñoso, y se enamoró de inmediato de ella. Su relación fue breve, pero pronto le propuso matrimonio.

Cuando mi madre lo llevó a casa para que conociera a mi abuela María, ella quedó encantada de inmediato con él. Mi abuela solía decir que se parecía a Elvis Presley. Su formación militar lo hacía parecer aún más respetable y atractivo a sus ojos. Mi madre aceptó casarse con él, pero dejó en claro una condición: que me llevara con ellos a Estados Unidos.

Capítulo 2
(La casa del Faraón, Éxodo 2:10)

Víctor aceptó sin dudar la condición de mi madre de llevarme a los Estados Unidos con ellos. Esa decisión cambió por completo el rumbo de mi vida. Víctor tuvo que obtener pasaportes y visas a través de inmigración. Cuando tenía 2 años y medio, mi madre y yo llegamos a Estados Unidos. Una vez que llegamos a Texas, mi mundo cambió por completo. De la noche a la mañana, me encontré en un país desconocido.

Uno de mis primeros recuerdos es de cuando tenía apenas 3 años. Recuerdo estar detrás de una silla jugando, y había crema por todas partes porque había hecho un desastre. Cuando mi madre me encontró, se enojó y me disciplinó severamente. Esa fue la primera vez que me pegaron, y marcó un antes y un después en mi infancia. Y aunque no entendía lo que estaba pasando, sabía que extrañaba a mi abuela y sus abrazos reconfortantes. No podía comprender por qué ella no estaba allí conmigo.

En los hogares estadounidenses, se espera que los niños duerman solos en sus propias habitaciones, algo que me aterrorizaba porque siempre había dormido con mi abuela o con mi tía y mis tíos. En México, vivíamos en una habitación con un par de camas y una pequeña cocina, así que siempre había alguien cerca de mí o cuidándome.

Cuando llegué a Estados Unidos, tuve que dormir sola, en una habitación cuya puerta estaba cerrada con llave, así que no podía salir. Mi madre me dijo una vez que se sentía culpable por no venir cuando yo lloraba, pero Víctor siempre le decía que necesitaba aprender a dormir en mi propia cama sin ella. No importaba cuánto llorara, mi madre nunca venía. Yo lloraba hasta quedarme dormida, envuelta en la oscuridad y el silencio, aferrada a la esperanza de que mi abuela viniera por mí. Pero ella nunca llegó.

Esa experiencia dejó una cicatriz profunda. Me sentía sola, abandonada, no querida y completamente incomprendida. Incluso ahora, siendo adulta, todavía me cuesta dormir con la puerta cerrada. Algunas heridas no se ven, pero permanecen con nosotros toda la vida.

Además de extrañar a mi abuela, también extrañaba su comida, especialmente sus sopitas, y el hecho de tener siempre a mis tíos y tías cerca de mí. Mi madre cuenta la historia de cuando me cocinaba sopa Campbell, pero yo la escupía porque no era la sopa casera que mi abuela siempre me daba. Me dice que me llevó bastante tiempo adaptarme a la comida y a la vida en Texas, y eventualmente lo logré. Y a medida que me adaptaba, también aprendí inglés viendo programas infantiles en la televisión.

Desde que era pequeña, llamaba a Víctor “padre”. Me habían hecho creer que él era mi padre biológico. Como mi madre no hablaba inglés, pasaba la mayor parte del tiempo en casa, mientras Víctor trabajaba y nos mantenía. Poco después de llegar a Estados Unidos, nació mi hermana Juana. No recuerdo mucho de Juana cuando era bebé, pero sí recuerdo momentos de nuestra infancia.

Jugábamos con Barbies y juegos de mesa juntas. Mi madre siempre nos vestía igual, como gemelas, aunque no nos parecíamos en nada.

Después de unos años en Texas, mi padre dejó la milicia y nos mudamos a Filadelfia, donde él había crecido. Fuimos a vivir con la abuela de mi padre, Nan, quien era de Lituania, o lo que se conocía como el viejo país. Nan era una mujer amable, muy maternal, que nos quería a mi hermana y a mí por igual. Como nunca había tenido hijas, estaba emocionada de tener a dos niñas pequeñas en su vida, y nos consentía como suelen hacer las abuelas. Tengo recuerdos de ver telenovelas con ella, de jugar afuera mientras nos cuidaba y de sus enseñanzas para tejer a crochet. Amaba a Nan tanto como ella nos amaba a nosotras, y sé que nos quería a mi hermana y a mí por igual; nunca hizo diferencias entre nosotras.

Yo tenía aproximadamente 4 o 5 años cuando mi madre empezó a trabajar. Después de que mi madre comenzó a trabajar, nos dejaba con diferentes niñeras. Algunas eran amables —una siempre nos preparaba panqueques—, pero otras eran descuidadas, a veces dejándonos afuera en el frío o ignorándonos por completo.

Un día, cuando mi madre salió del trabajo, fue a recogernos a la casa de la niñera y nos encontró a mi hermana y a mí sentadas afuera en la nieve porque la niñera no quería que estuviéramos dentro de su casa. Mi madre estaba furiosa y no podía creer que realmente nos hubiera dejado afuera en la nieve. Entró y le reclamó duramente a la niñera. Mi madre nunca nos volvió a llevar a esa casa, y fue entonces cuando Nan volvió a cuidarnos de nuevo.

Vivimos en Filadelfia hasta que yo tenía 8 años, tiempo durante el cual comencé la escuela y asistí a la escuela católica que estaba al otro lado de nuestra casa. Recuerdo ir a clases para completar mi primera comunión y esforzarme en la escuela para evitar la ira de las monjas que nos enseñaban. Pero también fue allí donde aprendí por primera vez sobre Dios.

Cuando terminé tercer grado, nos mudamos nuevamente—esta vez a Bell Gardens, California, una ciudad suburbana en el condado de Los Ángeles, donde familias latinas y estadounidenses vivían lado a lado. Al principio alquilamos un apartamento, pero pronto nos mudamos a otro suburbio en Downey. Durante algunos años, vivimos en varias ciudades de Los Ángeles, pero eventualmente, mis padres lograron comprar una casa.

Poco después de mudarnos a la casa, Nan nos siguió porque quería estar cerca de nosotros, así que también vino a vivir con nosotros. Nan vivió con nosotros hasta que se enfermó y mis padres ya no pudieron cuidarla. Mi padre la llevó a un asilo de ancianos, y ella murió aproximadamente un año después, a los 82 años. Todavía la extraño hasta el día de hoy.

Por lo general, me iba bien en la escuela, pero las matemáticas siempre fueron una lucha, especialmente en cuarto grado. Tenía nueve años cuando llevé a casa un boletín con una "D". Se lo mostré a mi padre, y él explotó. Gritó que era inaceptable, que yo era más inteligente que eso.

Enfurecido, tomó una pala de madera que colgaba en la pared —su llamado "instrumento de disciplina"— y me golpeó duramente con ella. Cada golpe venía acompañado de palabras de enojo sobre cómo lo había decepcionado. Mi madre estaba allí, pero no intervino. Su silencio dolió más que los golpes. No podía entender por qué permitía que mi padre me pegara y elegía ponerse de su lado.

Esa noche, entre lágrimas y moretones, hice un voto silencioso: nunca volvería a sacar una "D", y me prometí a mí misma que cuando cumpliera 18 años me iría de casa y nunca volvería. Desde entonces, me esforcé por ser inteligente. Mi identidad se vinculó con mi rendimiento académico. Estudiaba mucho y me aseguraba de siempre obtener A y B. Vivía en la biblioteca, leyendo todo lo que podía sobre las materias que aprendía y haciendo más preguntas en clase. Hacía todo lo posible por no sacar una C y, especialmente, no una D. Me esforzaba por ser la mejor y más inteligente de la clase. Era una niña desesperada por ser vista, por ser suficiente y por hacer que mi padre se sintiera orgulloso de mí.

Tenía 9 años cuando mi abuela María nos visitó desde México. No la había visto en años y estaba emocionada de tenerla de vuelta. Pero cuando cruzó la puerta, sus ojos se fijaron directamente en Juana. Con admiración, exclamó: "¡Juana es tan hermosa!" Desde ese momento, comenzaron las comparaciones. Sin decir una palabra, me hizo sentir fea, y fue su actitud la que me cortó como una cuchilla. Mi abuela comentaba cómo mi hermana era "guerrita" (de piel clara) y, como era mestiza, mitad mexicana y mitad blanca, su color de piel la hacía aún más hermosa. Hasta ese momento, no había prestado mucha atención a nuestras diferencias. Juana tenía piel clara, ojos color avellana y cabello castaño claro. Yo, en cambio, era morena, baja, con cabello largo, oscuro y rizado, y me consideraban "prieta" (de piel oscura).

Algo dentro de mí se rompió ese día. Sé que mi abuela me quería, pero siendo tan pequeña, no podía entender por qué nos comparaban entre nosotras.

Desde ese día, me volví dolorosamente consciente de lo diferente que nos trataban, aunque no de manera abierta, sino de forma encubierta. A medida que mi hermana y yo crecíamos y madurábamos, notaba las comparaciones sutiles, el favoritismo silencioso. Comencé a sentir resentimiento hacia mi hermana. No podía entender por qué éramos tan diferentes—por qué yo siempre parecía quedar corta.

Al mirar atrás, soy consciente de que esas diferencias sutiles también debieron haber sido difíciles para mi hermana, porque aunque se la consideraba hermosa, al mismo tiempo se la veía como menos inteligente que yo. Pero la realidad era que ambas éramos inteligentes y hermosas.

Siempre recuerdo que cuando mi abuela venía a visitarnos, siempre le preguntaba a mi madre por qué no sabíamos español. No recuerdo qué le dijo mi madre, pero mi abuela comenzó a enseñarnos a mi hermana y a mí cómo hablar español. Ella estaba decepcionada de que no supiéramos español, así que tuvimos que aprender. Esto se debía a que mi abuela dejaba en claro que ella no iba a aprender inglés.

Al mirar atrás, me doy cuenta del regalo que mi abuela me dio, aunque en ese momento no lo veía como un regalo. Aprender español se sentía como una tarea y una obligación, y como niña, no veía el valor de saber dos idiomas. Ahora, estoy agradecida de ser bilingüe.

Entre los 9 y 10 años, mi abuela venía a visitarnos desde México. Cuando tenía aproximadamente 12 años, nos mudamos de nuevo a Bell Gardens, donde mis padres habían comprado su casa, y mi abuela vino a vivir con nosotros. Como la casa tenía habitaciones adicionales, ella y uno de mis tíos vinieron a vivir con nosotros.

Había dos casas en el terreno; nosotros vivíamos en la casa de atrás, que tenía un dormitorio, y mis padres alquilaban la casa de adelante a personas externas. Mi hermana y yo dormíamos en la sala, y mis padres dormían en la habitación. La vida era sencilla y algo estable, pero, desafortunadamente, también había momentos de miedo y confusión. Hay momentos de mi infancia que no recuerdo, pero lo que sí sé es que Dios me protegió de recuerdos que eran demasiado difíciles para que yo los enfrentara.

Cuando tenía once años, fui testigo de una fuerte discusión entre mi madre y mi padre. Permanecí en silencio mientras mi padre empacaba sus cosas y salía por la puerta. Lo vi irse, devastada y llena de miedo, sin saber si alguna vez volvería. Estuvo ausente durante varios meses. Con el tiempo, mis padres se reconciliaron y la vida volvió a la normalidad.

Recuerdo que había unos inquilinos que le causaban muchos problemas a mi padre, y cuando se mudaron, él y mi madre decidieron que ya no querían alquilar a personas externas. Entonces, decidieron alquilar la casa del frente a mi abuela, y así ella, otro de mis tíos y su esposa se mudaron a la casa delantera.

Después de eso, la dinámica familiar cambió, porque mi abuela y mi padre comenzaron a pelear por el control de mi madre. Mi abuela estaba acostumbrada a salirse con la suya y a asegurarse de que mi madre le obedeciera. Recuerdo que una noche me desperté y vi a mi padre y a mi abuela forcejeando porque ella había tomado un cuchillo para hacerse daño. No recuerdo qué inició todo, pero ver a las dos personas que más amaba en ese momento me aterrorizó. Mi padre le gritaba que soltara el cuchillo, mientras ella gritaba que quería morir. Finalmente, él logró quitarle el cuchillo de las manos. Nunca le conté a nadie lo que presencié, pero es un recuerdo que nunca olvidaré.

Ver a mi abuela intentar suicidarse y a mi padre luchando por quitarle el cuchillo fue estresante y confuso, porque yo consideraba a mi abuela una figura fuerte e imponente. No podía entender por qué quería matarse. Estoy segura de que mi madre estaba allí, aunque yo no pudiera verla.

Imagino que para ella también fue extremadamente emocional y estresante. Sin embargo, al mirar atrás ahora como adulta y comprender la dinámica entre mi madre, mi padre y mi abuela, estoy segura de que el intento de suicidio de mi abuela fue una forma de manipular a mi madre, para que siempre la amara más que a su esposo.

Estaba a la vez feliz y aterrorizada de tener a mi abuela tan cerca de mí. Tenerla cerca significaba que podía disfrutar de su comida y comer mis platillos favoritos.

Pero mi abuela también era una mujer severa y temible, y esperaba que mi hermana y yo le obedeciéramos. Recuerdo que siempre fui muy delgada de niña, y mi madre y mi abuela habían traído una vitamina líquida de México que sabía a pescado. No quería tomar esta vitamina, pero no tenía opción: o tomaba la vitamina o enfrentaba la ira de mi abuela. Mi abuela gobernaba con mano de hierro y creía que ella, mi tía y mis tíos debían ser lo primero en la vida de mi madre; luego venían mi padre, mi hermana y yo al final. Mi madre estaba tan estresada con la situación que tuvo que empezar a ver a una terapeuta, y su doctor le recetó valium para calmarse. Estaba atrapada entre amar a mi padre y a mi abuela, quien exigía ser lo primero en su vida; tanto mi padre como mi abuela luchaban por su afecto. La vida se volvió difícil y estresante, y aunque amaba a mi abuela, también le tenía miedo. Nunca me golpeó, pero cuando se enojaba, era como una tormenta en el mar. Nunca me golpeó, pero cuando se enojaba, era como una tormenta en el mar.

Pero incluso entre el miedo y el caos, había momentos de alegría en nuestra familia. Recuerdo que toda la familia salía a comer a bufetes. Recuerdo correr con mis primos, ir a restaurantes con mi madre, padre, tíos y mi tía con sus cónyuges. Recuerdo las fiestas de cumpleaños y las reuniones familiares en la casa de mi tía o en nuestra casa. Uno de mis recuerdos más queridos era ver a mi abuela hacer tamales para el Año Nuevo. La observaba preparar los tamales y me quedaba despierta hasta tarde mientras se cocinaban. Luego, en el Día de Año Nuevo, disfrutábamos de los deliciosos tamales mientras la familia se reunía para celebrar el nuevo año. La vida se volvió normal, iba a la escuela y sacaba buenas calificaciones, continuaba yendo a la biblioteca, aprendiendo todo lo que podía; después de todo, era mi santuario. Había reuniones familiares y peleas familiares. Uno de los momentos más dolorosos de mi vida ocurrió cuando tenía doce años. Mi madre me llevó a un estacionamiento. Mientras estábamos sentadas en el coche, mi madre me dijo: "Tengo algo importante que decirte." No tenía idea de lo que mi madre estaba a punto de decirme, pero podía notar que estaba asustada y preocupada por la expresión ansiosa en su rostro. No podría haber adivinado en un millón de años la noticia que estaba a punto de darme, pero me asustó verla tan aterrorizada. Ella dijo: "Víctor no es tu padre. Tu verdadero padre vive en México. Se llama Ignacio."

Capítulo 3
(Adaptado de Efesios 1:5)

Cuando mi madre me dijo que Víctor no era mi padre, entonces comenzó a contarme todo sobre su relación con Ignacio. Mi madre compartió todo con detalle, pero lo que más dolió fue cuando me dijo: "Tu padre no te quiso." Me quedé sentada, paralizada, tratando de procesar el hecho de que Víctor no era mi verdadero padre. Pero lo que dolió más que cualquier otra cosa fue el conocimiento de que Ignacio, mi padre biológico, me había rechazado, y desde ese momento, el espíritu de rechazo se asentó en mi corazón y en mi vida, creyendo que si mi propio padre no me quería, ¿cómo podría alguien más quererme? Se sentía como si el aire se hubiera vuelto más pesado, como si sus palabras hubieran roto algo dentro de mí que nunca podría ser reparado.

Después de que mi madre me dijera la verdad, ambas rompimos a llorar. Mi corazón estaba destrozado y mi mundo devastado, pero entre las lágrimas y el dolor, escuché a mi madre decir: "Víctor quiere adoptarte," pero eso no alivió el dolor. En el camino a casa, no podía dejar de llorar. Las lágrimas caían sin cesar por mi rostro, y mi mente seguía repitiendo las palabras que ella había dicho: "Tu verdadero padre vive en México… y no te quiso." No podía entender cómo alguien podía rechazar a su propio hijo. No sabía si sentirme enojada, avergonzada o simplemente con el corazón roto. Lo que sentía era un vacío profundo: una mezcla de abandono, rechazo y decepción que me abrumaba. Y aun así, a través de toda la confusión y el dolor, una determinación silenciosa comenzó a crecer dentro de mí: algún día, conocería a mi verdadero padre. No sabía cómo ni cuándo, pero me prometí que un día lo miraría a los ojos.

Hay tanto de mi infancia que sigue siendo un borrón. Pero hay algo que sé con certeza: después de conocer la verdad sobre mi padre biológico, la vida en casa realmente no cambió. Para mí, Víctor seguía siendo mi padre. Siempre lo había sido. Lo amaba profundamente, y él trataba a mi hermana y a mí por igual: sin favoritismos, sin condiciones. Más tarde, cuando ya era adulta, mi madre me dijo algo que se quedó conmigo: Víctor me había amado desde el principio. Nunca me vio como una hijastra. Cada vez que alguien preguntaba si yo era su hijastra, él respondía rápidamente: "No, ella es mi hija." Eso era lo que yo era para él. A pesar del dolor de haber sabido que Víctor no era mi padre biológico, todavía lo amaba.

Cuando tenía trece años, mi madre, Víctor y yo nos parábamos frente al juez, como parte del proceso, por lo que mi madre tuvo que decirme la verdad. Recuerdo que el juez me miró directamente y me preguntó: "¿Quieres que Víctor te adopte y sea tu padre legal?" Sin dudarlo, dije que sí. Él siempre había sido mi padre en todos los sentidos que realmente importaban: amoroso, firme y siempre presente.

Más o menos en esa misma época, mi madre quedó embarazada de mi hermanito. Recuerdo vívidamente que Víctor compró un libro que explicaba las etapas del embarazo. Aún puedo imaginar a los dos, sentados en el sofá, leyéndolo juntos, riendo y maravillándome del milagro de la nueva vida. Por un tiempo, todo se sentía tranquilo y lleno de promesas.

Durante este tiempo, asistí a una escuela secundaria privada católica. Seguía siendo una buena estudiante, pero me volví muy rebelde y siempre estaba metida en problemas. Parecía que cada dos semanas estaba en la oficina de la madre superiora, a veces recibiendo correazos y otras veces simplemente siendo disciplinada. Pero llegó un momento en que ya no quería estar en una escuela católica.

Entonces, cuando tuve un problema con otra estudiante en la escuela, nuevamente me enviaron a la oficina de la madre superiora, y ella nos dio correazos. Pero esta vez, cuando llegué a casa y se lo conté a mi madre, su reacción fue rápida y fuerte: al día siguiente presentó una queja formal, y la madre superiora tuvo problemas. Mi madre decidió sacarme de la escuela privada y matricularme en la escuela pública. También fue el momento en que me di cuenta de hasta dónde estaba dispuesta a llegar para protegerme.

Ser la hija mayor traía consigo responsabilidades mucho más allá de mi edad. Se esperaba que no solo fuera el ejemplo para todos mis hermanos menores y primos, sino que también cuidará y atendiera a mi hermanito y ayudara a mi hermana. Además, se me encargaba cuidar a todos mis primos que eran más pequeños que yo. Mi adolescencia no estuvo marcada por la diversión ni la libertad, sino por la obligación. Siempre había alguien que me necesitaba. Rara vez salía. No podía. Mi papel en la familia ya estaba asignado: era la cuidadora, la niñera incorporada.

Cuando tenía 14 años, comencé en la preparatoria Bell Gardens. Para entonces, ya había aprendido a mantenerme callada sobre mi padre biológico, porque si preguntaba por Ignacio, tanto mi madre como mi abuela se enfurecían. No querían que supiera nada sobre él ni que tuviera algún contacto con él. Fingía que no me molestaba, pero la verdad es que sí me dolía. Cada vez que llegaban parientes y comenzaban a hablar de él, me sentaba en silencio, escuchando cada palabra, con la esperanza de escuchar algo nuevo.

Un día, una mujer que conocía a mi padre visitó nuestra casa. Ella le leía las cartas del tarot a mi madre y le dijo: “Tuve un sueño: hubo un terremoto en México e Ignacio murió.” Pensaron que no estaba escuchando, pero sí lo estaba. Mi corazón se hundió. Recuerdo haber pensado: Se fue. Nunca tendré la oportunidad de conocerlo. Aproximadamente un año después, nos enteramos de que todavía estaba vivo. Fue entonces cuando reuní el valor e hice un último intento por preguntar sobre Ignacio. Pero cuando mencioné que quería conocerlo, su reacción me silenció. Desde ese día, nunca volví a mencionarlo.

Fue en la preparatoria cuando conocí a Bambi, mi primera verdadera mejor amiga. Ella era alegre, valiente y llena de vida, con unos ojos azules impresionantes y una risa contagiosa. Pasábamos casi todos los recreos juntas. Éramos mejores amigas y, de cierta manera, ella era mi escape de casa. Recuerdo que Bambi y yo éramos consideradas marginadas porque no formábamos parte de ningún grupo en la escuela y no éramos populares de ninguna manera. Sin embargo, nos juntábamos con otros chicos como nosotras y nos convertimos en amigas que se ayudaban y apoyaban mutuamente. Uno de mis recuerdos más queridos de Bambi fue cuando tomábamos juntas la clase de francés. Nos divertíamos mucho aprendiendo juntas, aunque nada del francés que aprendimos realmente se nos quedó.

Cuando tenía 14 años, nos mudamos a La Mirada. Mis padres habían comprado una nueva casa y dejaron la casa en Bell Gardens a mi abuela. Comencé mi segundo año en la preparatoria La Mirada High School. Bambi y yo nos mantuvimos en contacto, lo que hizo que la mudanza fuera un poco más fácil. Fue durante este tiempo que conocí a Jason, un chico blanco dulce y guapo de la escuela. A medida que se acercaba mi quinceañera, le pedí a Jason que fuera mi chambelán, y él aceptó con gusto. A los 15 años, no entendía la importancia de una quinceañera; no sabía que simbolizaba la transición de una joven a la adultez en la comunidad latina y que, de cierta manera, era un rito de paso. Solo sabía que era una tradición de la Iglesia Católica, y mi madre y mi abuela querían que tuviera a mi quinceañera. Jason asistió a todos los ensayos de baile, siempre tratándome con amabilidad y respeto.

Elegí un vestido al estilo sureño, azul y blanco, y cuando llegó el momento de enviar las invitaciones, le dije a mi madre que no quería que hubiera niños en la fiesta. Al principio dudó, pero finalmente aceptó. Entendió que pasaba tanto tiempo cuidando a niños que merecía una noche solo para mí. No asistieron muchas personas debido a esa solicitud, pero no me importó. La fiesta se llevó a cabo en el patio trasero de mi madrina. Recuerdo cada detalle. Bailé con Jason. Nos gustábamos. Pero en el fondo, estaba luchando con tanta inseguridad. Terminé saboteando la conexión coqueteando con otro chico justo frente a él, durante mi quinceañera. Jason se sintió herido. Me confrontó, y todo lo que le dije fue: "De todos modos, no eres mi novio." Esa fue la última vez que hablamos. Más tarde descubrí que él había planeado pedirme ser su novia después de la quinceañera. Yo lo arruiné antes de que siquiera tuviera la oportunidad.

Cuando mi hermana entró en la adolescencia, comenzó a recibir mucha atención de los chicos. Yo tenía dieciséis años y ella apenas trece, pero los chicos constantemente llegaban a la casa preguntando por ella. Mi abuela y mi madre a menudo nos comparaban, señalando siempre lo bonita que era ella. Empecé a sentirme invisible, como si no importara, incluso en mi propia casa. Recuerdo a mi madre comparándome con los hijos de otras personas, preguntándose por qué no podía ser como el hijo o la hija de su amiga, a quienes ella veía como más logrados o mejores que yo. No creo que mi madre se diera cuenta de cuánto nos dolía a mi hermana y a mí ser comparadas con otros, pero mi madre no conocía otra manera. Después de todo, así había criado mi abuela a mi madre, siempre comparándola con otros. Recuerdo que un día pensé que cuando tuviera hijos, nunca los compararía con otros, y mucho menos entre ellos.

A pesar de todo el peso emocional que cargaba —la confusión sobre mi padre y el deseo de conocerlo, la baja autoestima, el miedo a no ser suficiente—, todavía se esperaba que yo fuera la fuerte. La responsable. El ejemplo para mis hermanos y primos. La chica que se quedaba en casa cuidaba de los demás y mantenía todo en orden. No podía esperar a irme.

Capítulo 4
(Huyendo, Éxodo 2:15)

Después de graduarme de la preparatoria, me inscribí en un colegio comunitario local, tratando de descubrir cómo sería el siguiente capítulo de mi vida. Una tarde, llegué a casa de la escuela y mi madre me dijo que un hombre había llamado ofreciéndome un trabajo. Me entregó un pequeño papel donde había escrito su nombre y número de teléfono. Curiosa y esperanzada, llamé de inmediato, pensando que podría ser una oportunidad para un buen empleo.

Cuando él contestó, se presentó como el Sargento López, y fue entonces cuando me di cuenta de que no era una oferta de trabajo típica. Él era un reclutador del Ejército. Cuando le di mi nombre, me dijo que había muchas carreras disponibles para mí y sugirió que nos reuniéramos en persona. Un par de días después, nos sentamos juntos y me explicó que había obtenido una puntuación excepcional en el ASVAB, la prueba de aptitud militar que se aplica en la preparatoria. Me sorprendió escucharlo. Luego me preguntó cuáles eran mis intereses, y le dije que siempre había pensado en ser psicóloga.

El Sargento López sacó un libro grueso y pasó a la sección médica, mostrándome páginas con los roles para los que calificaba —mucho más de lo que jamás había imaginado. Me ayudó a explorar opciones que se alineaban con ese camino, guiándome con paciencia.

En ese momento, algo cambió dentro de mí. Unirme al Ejército de repente se sintió como una puerta que se abría—una oportunidad para salir de casa. No me detuve a pensar cómo se sentirían mis padres al respecto o si aprobarían mi decisión. Mi enfoque estaba en irme.

Así que elegí técnico en combate como mi carrera principal, y técnico psiquiátrico como mi opción secundaria. Por primera vez en mucho tiempo, me sentí emocionada por lo que tenía por delante. Estaba lista para salir de casa. Estaba lista para unirme al Ejército.

Cuando llegué a casa y se lo conté a mis padres, quedaron sorprendidos y no podían creer que quisiera unirme a las fuerzas armadas. Mi padre intentó convencerme de que no lo hiciera, y mi madre lloró, temiendo que me enviaran a alguna guerra. Pero yo estaba decidida a unirme porque quería salir de casa.

Cuando mis padres vieron que iba a unirme a pesar de sus objeciones, mi padre me sugirió que me uniera a la Reserva en lugar de ir a servicio activo, porque la Reserva requiere solo un fin de semana al mes y dos semanas de entrenamiento anual, lo que la convierte en un compromiso a tiempo parcial. Y como me uní en 1978, después del fin de la Guerra de Vietnam, no existía el temor de que me enviaran a la guerra.

Tenía 19 años cuando me alisté en el ejército. Recuerdo el día en que tuve que partir para el entrenamiento básico; mi madre y mi abuela me llevaron en coche a MEPS (Estación de Procesamiento de Ingreso Militar). El silencio en el coche era ensordecedor. Ambas estaban asustadas y enojadas, temiendo que no lo lograra en el ejército porque era tan baja y delgada. Pero yo estaba decidida a irme, y nada de lo que dijeran o hicieran me convencería de no unirme. Estaba cansada de la responsabilidad que me habían impuesto y de ver a mujeres sacrificarse por sus esposos. Estaba cansada de estar bajo las manos estrictas de mi madre y mi abuela. Estaba cansada de estar entre mi gente y solo quería dejar mi cultura atrás. Me dirigía hacia lo desconocido, pero esperaba con ansias comenzar una nueva vida.

Una vez que me uní a la Reserva del Ejército, dejé California y fui a Alabama para el entrenamiento básico. Fue duro y desafiante, pero disfruté cada momento. De repente, estaba rodeada de otras mujeres de todas partes de Estados Unidos. Aprendí a ser miembro de un equipo, a disparar un arma, a marchar y a seguir órdenes. Uno de mis recuerdos más queridos del entrenamiento básico ocurrió en mi cumpleaños, porque cumplía 20 años. Recuerdo regresar al alojamiento y encontrar mi cama hecha un desastre y mis cosas sacadas de mi casillero. Me sorprendió, porque había dejado mi cama hecha y mi casillero en orden. Se suponía que los reclutas debían mantener un área limpia y ordenada. Pero lo siguiente que supe fue que todos mis compañeros salieron de su escondite y me cantaron feliz cumpleaños, y luego el sargento de instrucción, que normalmente era estricto, gritó con cariño: “Recluta, limpia el desastre que creaste.” Luego me deseó un feliz cumpleaños y me dejó para que limpiara. Fue uno de los mejores cumpleaños que había tenido.

Después de 8 semanas, me gradué del Entrenamiento Básico y fui enviada a San Antonio, Texas, para recibir capacitación en mi trabajo militar. El entrenamiento fue intenso, pero disfrutaba aprender cómo ser técnico en combate y técnico psiquiátrico. Todavía teníamos que realizar Entrenamiento Físico, pero no me importaba; estaba disfrutando y conociendo a personal militar de todo Estados Unidos. Aunque estar en la escuela era un desafío físico y mental, lo que vino después fue aún más difícil.

Un día, mientras estaba en San Antonio, me enviaron a buscar a un compañero soldado en uno de los barracones. Cuando toqué la puerta, fue Ray quien respondió. Esa fue la primera vez que lo vi: un hombre blanco alto, con ojos marrones y cabello castaño. Ray era de Indiana y tenía cuatro años más que yo. Había algo en la manera en que me miraba, algo curioso y acogedor. No lo sabía en ese momento, pero ese breve encuentro marcaría el comienzo de un capítulo que cambiaría el curso de mi vida.

Desde el principio, Ray y yo nos hicimos amigos. En ese momento, él estaba saliendo con una compañera del servicio llamada Sarah. Empezamos a juntarnos, junto con otros miembros del servicio que también estaban en la escuela. Ray y yo nos fuimos conociendo, y él comenzó a mostrar interés, invitándome siempre a salir con él y Sarah. Pero, además, defendió mi honor frente a un compañero del servicio que se había aprovechado de mí durante una reunión de fin de semana. Ray, Sarah y yo seguimos siendo amigos hasta que terminó nuestro entrenamiento.

Cuando terminó la escuela, me enviaron de regreso a California; Ray fue destinado a Portsmouth, Virginia, y Sarah, que también estaba en servicio activo en el Ejército, fue destinada a otra base militar. Prometieron verse tan a menudo como fuera posible e incluso buscaron formas de ser destinados cerca el uno del otro. Todos prometimos seguir siendo amigos, aunque nos dirigíamos en diferentes direcciones.

Estar en casa no era donde quería estar, pero estar en la Reserva significaba que estaría asignada a una unidad de reserva cerca de mi hogar. Así que, una vez que llegué a casa, comencé la tarea de presentarme a mi nueva unidad, la 6252 USAH (Hospital del Ejército de los Estados Unidos). Me recibieron calurosamente e hice amigos rápidamente. Pero lo que realmente quería era estar en servicio activo, así que busqué a un reclutador del Ejército para averiguar si eso era posible. El reclutador estuvo más que feliz de ayudarme a pasar al Ejército a tiempo completo, pero tendría que cambiar mi especialidad militar, lo cual no quería hacer. Aunque me sentí decepcionada y elegí quedarme en la Reserva, si tuviera que hacerlo todo de nuevo, elegiría el Ejército de servicio activo.

Después de estar en casa aproximadamente un mes, Ray comenzó a llamarme. Me sorprendió porque cuando dejamos la escuela, él y Sarah tenían planes de ser destinados cerca el uno del otro. Ray explicó que habían intentado ser destinados cerca, pero no había funcionado, y una relación a larga distancia no era posible. Durante los 2 meses que hablamos por teléfono, Ray me contó que él y Sarah habían terminado, y que Sarah había quedado embarazada de su hijo, pero había abortado al bebé. Ray me dijo que estaba tan enojado como con el corazón roto por esto, y que era la razón principal por la que había terminado con Sarah. Después de contarme esto, también me dijo que siempre había querido salir conmigo. Parte de mí sintió lástima por Ray, y parte de mí estaba feliz de que un hombre se hubiera fijado en mí. Mis inseguridades se calmaron en ese momento.

Durante esos 2 meses, hablamos por teléfono casi todos los días y recordábamos nuestros días en la escuela. Le informé sobre mi horario de trabajo para que pudiera llamarme cuando estuviera en casa. Siempre esperaba con ansias sus llamadas; eran el único momento de luz en mi día. Hablábamos de muchas cosas, y él siempre me decía que le gustaba, que era bonita y que merecía ser tratada bien. Sus palabras me hacían sentir valiosa y especial. A medida que pasaban los días y semanas, y las llamadas continuaban, Ray comenzó a dar pistas sobre que yo podría ir a verlo a Virginia y posiblemente convertirme en su novia.

Él me contaba lo hermosa que era Virginia y que disfrutaba estar allí, y que a mí también me gustaría vivir allí. Ray también me decía cuánto le gustaba y que quería que estuviera cerca de él para poder pasar tiempo juntos. En algún momento, Ray me pidió que fuera a visitarlo a Virginia y que fuera su novia, pero le dije que lo pensaría porque planeaba regresar a la escuela, y en ese momento lo veía como un amigo y nada más. Sin embargo, al mismo tiempo, no quería estar en casa; nada había cambiado y buscaba una manera de irme. Estaba indecisa sobre qué hacer, pero a medida que Ray me conquistaba, comencé a pensar que él podría ser mi escape de casa.

Un día, mi madre y yo tuvimos una discusión. Ella estaba molesta porque estaba considerando irme a vivir con Ray a Virginia. Pero yo aún no había tomado una decisión definitiva. Sin embargo, una vez que mi madre se enteró, comenzó a presionarme y no quería dejar el tema. Así que, durante una de esas llamadas telefónicas, Ray me pidió que me casara con él, y sin dudarlo, dije que sí. Cuando le conté a mi madre que Ray me había propuesto matrimonio y que yo había aceptado, ella se sorprendió y desaprobó mi decisión. Mi madre me recordó que apenas lo conocía y que no sabía nada de él, pero yo veía esto como una forma de escapar de casa. No importaba cuánto intentara persuadirme de quedarme y terminar la escuela; yo ya había tomado mi decisión. Así que vendí todas mis pertenencias, compré un boleto de avión, viajé sola a Virginia y finalmente dejé mi hogar.

No recuerdo mucho sobre el viaje en avión a Virginia, pero sí recuerdo que Ray me recogió en el aeropuerto. Él había pedido prestada una camioneta blanca, y mientras manejábamos, comenzó a contarme sobre la vida en Virginia: cómo todo se movía despacio, cómo la gente se tomaba su tiempo y que me gustaría la comida. Afuera de la ventana, todo lo que podía ver eran árboles interminables y amplios pastizales verdes.

Al principio, pensé que Ray me estaba llevando a su casa, pero él me explicó que vivía en los barracones y no podía llevarme allí. En cambio, nos condujo a un pequeño hotel cerca de la base, donde planeábamos quedarnos unos días. Cuando hicimos el registro y entramos a la habitación, sentí que mis nervios aumentaban. Percibiendo, me ofreció un porro "para ayudarme a relajarme". Nunca había probado algo así antes, pero lo acepté porque quería complacerlo. El porro no me calmó mucho. Ahora estaba drogada, nerviosa y llorando mientras él me desvestía. Ray ignoró mis lágrimas. Continuó de todos modos, enfocado solo en lo que él quería, y se detuvo únicamente cuando terminó.

Días después de llegar a Virginia, Ray encontró un apartamento para nosotros. Uno de sus amigos de la Marina también se mudó, supuestamente para ayudar a cubrir el alquiler. Una vez que nos instalamos, comencé a notar cosas que no había visto antes: Ray consumía drogas con frecuencia y bebía en exceso. El abuso comenzó de manera silenciosa, casi disfrazada: un comentario cortante aquí, un nombre cruel allá, una "broma" destinada a menospreciar, un empujón durante una discusión. Pero yo estaba tan determinada a creer que estaba construyendo una nueva vida que elegí ignorar las señales de advertencia tempranas.

Cuatro meses después, finalmente nos casamos. La decisión surgió por dos motivos. Durante semanas le había estado preguntando a Ray cuándo nos casaríamos, pero él siempre evadía la pregunta, sin darme una respuesta real. Entonces, un día, uno de sus amigos de la Marina le dijo que los miembros casados del servicio ganan más dinero. Esa misma tarde, Ray llegó a casa y dijo, casi de manera casual: “Casémonos”. Y yo dije que sí.

Para Ray, el amor no tenía nada que ver con el matrimonio; era una decisión financiera. Para mí, el matrimonio era importante porque no quería simplemente vivir con él; pensaba que estar casados haría que nuestra relación fuera real, estable y más segura. Estaba emocionada. Compré un vestido hermoso, me arreglé el cabello y contraté a una maquilladora. Quería sentirme especial. Quería que Ray me mirara y viera a la mujer hermosa que había elegido para casarse.

Pero el día de la boda, en el momento en que llegué a la capilla de la base, Ray ya estaba allí. Yo acababa de salir del centro comercial después de arreglarme. Entré en la sala de espera de la capilla y, mientras esperábamos a que nos llamaran al santuario—antes de que comenzara cualquier cosa—Ray me miró de arriba abajo con una expresión de decepción y luego dijo: “¿Eso es lo que te vas a poner?” y después dijo: “Te ves fea. ¿Qué hiciste con tu cabello?” Criticó mi vestido, mi cabello y mi maquillaje. Sus palabras me golpearon fuerte, como un cuchillo atravesando mi corazón. Esperaba que él viera a una mujer que quería lucir hermosa para él. En lugar de defenderme o alejarme, me quedé en silencio. Estaba profundamente herida, pero no sabía cómo responder. Quería llorar, pero no lo hice. Era joven, y aún no tenía las herramientas emocionales para entender que merecía algo mejor. Y a pesar de su crueldad, entré en esa capilla y me casé con él.

Capítulo 5
(Rumbo a Egipto, Génesis 46)

Creía que el simple hecho de estar casada me daría la libertad que tanto había buscado. Mi boleto a una vida diferente. Pero con el paso del tiempo, las cosas no mejoraron… empeoraron. El abuso verbal vino primero, con insultos y apodos hirientes. También descubrí durante ese tiempo que Ray no quería tener hijos, lo cual me entristeció mucho porque yo sí quería tenerlos, no de inmediato, pero sí eventualmente. Así que, para obedecer a Ray, comencé a tomar anticonceptivos para evitar cualquier embarazo.

El abuso verbal continuó, y comenzó el leve abuso físico; hubo un momento en que debí haberme ido. Desde pequeña, siempre me habían encantado los gatos, y todavía me gustan hasta el día de hoy. Así que, cuando nuestro compañero de apartamento consiguió un gatito, me enamoré de él. Un día, mientras acariciaba al gatito y le hablaba con ternura, Ray se puso celoso. Pude ver que se estaba enojando, así que lo dejé. Entonces, en un arranque de ira, Ray lo levantó y lo lanzó violentamente contra la pared.

Aunque el gatito no murió, resultó gravemente herido. No podía entender por qué Ray lastimaría a un animal tan pequeño de esa manera. Gritó que yo amaba más al gatito que a él, y tuve miedo de que me hiciera daño. Traté de calmarlo diciéndole que lo amaba. Pero Ray se fue, saliendo del apartamento furioso. Lloré y recé para que el gatito estuviera bien. Lo recogí, tratando de consolarme a mí misma y al gatito.

Cuando nuestro compañero de apartamento llegó a casa y vio lo que había pasado, se enojó y confrontó a Ray, exigiendo saber por qué había lastimado al gatito. Nuestro compañero no era un hombre violento, pero estaba furioso por lo que había hecho. Ray se disculpó profusamente con él. Pero el daño ya estaba hecho. Debido a que el gatito estaba gravemente herido, tuvo que ser sacrificado. Después de esto, me di cuenta de que no podría tener un gato. Pero poco sabía que lo que Ray había hecho con el gatito también sería mi destino.

Después de vivir en Virginia durante casi un año, Ray decidió salir de la Marina y regresar a su hogar en Indiana. Cuando llegamos a Indianápolis, de donde él era, nos mudamos con los padres de Ray. Desde el principio, su rechazo fue evidente. No me aceptaban porque era mexicana, y no hicieron ningún esfuerzo por ocultarlo. Les parecía un agravio que su hijo se hubiera casado con una mexicana.

Siempre había discusiones entre Ray y sus padres, y aunque su hermano y sus hermanas me aceptaban en cierta medida, sus padres solo me toleraban. En una ocasión, mientras mi suegro discutía en voz alta con Ray y sin importarle que yo estuviera presente, le gritó con desdén: "¡Saca a esa maldita mexicana de nuestra casa!" Una vez más, Ray me defendió frente a sus padres, pero yo me sentí humillada, rechazada y profundamente herida. Esa noche, Ray y yo tuvimos que quedarnos en un hotel. Allí, me prometió que siempre cuidaría de mí y me protegería. Ingenuamente, le creí, sin darme cuenta de que él era quien más me estaba lastimando.

Después de quedarnos en el hotel unos días, alquilamos un pequeño apartamento en la misma ciudad. Comencé a trabajar como mesera. Ray volvió a su antiguo trabajo en un supermercado local. Fue alrededor de ese tiempo que el abuso empeoró drásticamente. Ray me insultaba constantemente, me humillaba y, poco a poco, su agresión fue escalando. Rara vez consideraba dejarlo, y cuando lo hacía, rápidamente cambiaba de opinión. Me imaginaba a mi madre y a mi abuela diciéndome: "¿Ves? Te lo dijimos." No quería escuchar esas palabras. No quería enfrentar el dolor del fracaso, así que elegí permanecer en silencio y soportar. Ray comenzó a usar drogas aún más intensamente, y me influyó para que las usara con él.

No solo las consumíamos… él también había comenzado a venderlas desde nuestra casa. Y aunque yo me opusiera, él me ignoraba y me decía que sabía lo que estaba haciendo y que me callara. Yo estaba constantemente preocupada por que nos atraparan.

Ray y yo habíamos estado viviendo en Indianápolis por aproximadamente un año y medio. No conocía a nadie en esa ciudad y no tenía familia cerca. Las únicas personas a mi alrededor eran sus amigos, quienes alquilaban una de las habitaciones de nuestro apartamento y que también eran drogadictos. Parecía que estaba rodeada de drogas y abuso. Pero yo también había comenzado a consumir drogas y no podía detener lo que estaba ocurriendo. Me sentía impotente y sin esperanza. Durante ese tiempo, siempre estaba nerviosa y caminando sobre cáscaras de huevo, sin saber nunca cómo iba a llegar él a casa.

Nunca pensé que las cosas pudieran empeorar. Un sábado, cuando no tenía que trabajar y Ray también estaba en casa, pensando que pasaríamos el día juntos, me pidió hacer algo que nunca había esperado. Yo estaba en la sala cuando Ray dijo: "Mi amigo quiere tener sexo contigo. Y le dije que podía." Me quedé atónita. Le dije que no quería y traté de negarme, pero Ray me dijo que tenía que hacerlo. La mirada de enojo en su rostro me indicó que no tenía opción. Tenía miedo de lo que Ray pudiera hacerme, así que le obedecí. En ese momento, no podía reaccionar, estaba paralizada y simplemente seguí a su amigo hasta el dormitorio. Cuando entramos en la habitación, me acosté en la alfombra, y su amigo se subió encima de mí; seguía diciendo que siempre había querido estar con una mujer exótica. En ese momento, no pude procesar todas las emociones que tenía en mi corazón.

Tuve que desconectarme, para no sentir nada. Todo se sentía tan irreal, como si estuviera en una neblina y me estuviera observando desde lejos. Estaba entumecida porque sentir habría sido demasiado abrumador. Apagarme era la única manera en que podía protegerme del dolor. Después, solo me sentí sucia y no podía creer que mi esposo permitiera tal cosa. Me sentí usada y abusada.

Ray tomaba todas las decisiones. Recuerdo que una vez pasamos por un concesionario de autos y vi un Mustang del 66 que me gustaba mucho y tenía un buen precio. Le dije que me gustaría ese auto porque necesitábamos otro vehículo; en ese momento solo teníamos uno. Pero Ray dijo que no y, en cambio, me dijo que compraría el auto que él pensaba que debía tener. No recuerdo la marca ni el modelo del auto que me compró, pero lo que sí sabía era que no me gustaba; sin embargo, no tuve otra opción más que aceptarlo porque eso era lo que él pensaba que debía conducir. Él decidía qué auto conduciría y, si se necesitaba una reparación, él determinaba cuándo y si se podía hacer.

Fue durante ese tiempo cuando supe por primera vez de Susan, la exnovia de Ray. Ray y Susan habían sido amigos en la secundaria y habían salido brevemente. Ray comenzó a hablar de ella todo el tiempo, diciendo que Susan era una mujer muy hermosa y que los hombres la rodeaban como abejas a la miel. Fue entonces cuando comenzaron las comparaciones, y Ray me hizo sentir como si fuera la mujer más fea que jamás hubiera nacido. A los ojos de Ray, Susan era más bonita, más inteligente, más sexy y más mujer de lo que yo jamás sería.

Aunque aún no había conocido a Susan, ya me sentía intimidada por ella, y mis inseguridades aumentaron hasta el punto de que no me agradaba sin haberla conocido. A menudo me preguntaba por qué Ray se había casado conmigo, pero más tarde descubrí que Susan lo había rechazado, y por eso él siempre había hecho lo posible por conquistarla. Quizás pensó que al casarse conmigo, ella sentiría celos y lo desearía. No lo sé, pero lo que sí sé es cómo me hacía sentir cuando me comparaba con ella, y eso rompía aún más mi corazón, ya de por sí frágil.

Ray siempre creía que sus necesidades venían primero. Especialmente cuando se trataba de dinero, siempre me decía que su dinero era suyo y que mi dinero también era suyo. Cuando comencé a trabajar como mesera por las noches en el restaurante, ahorraba el dinero de las propinas. Ganaba buenas propinas porque, cuando cerraban los bares, los hombres me daban bastante dinero. Después de todo, en ese tiempo había pocas latinas en Indianápolis, así que me destacaba. Y aunque no me consideraba exótica, saber que otros lo pensaban aliviaba mi frágil percepción de mí misma. Lo mejor que podía, ahorraba dinero sin que él lo supiera, porque esto era algo que mi padre siempre me había enseñado. Hubo muchas ocasiones en las que guardaba el dinero de mis propinas en un frasco en nuestra habitación, pero Ray lo encontraba y lo gastaba, razón por la cual escondí la cuenta bancaria que había abierto sin su conocimiento.

Mientras vivía en Indianápolis, conocí a algunos de los amigos de Ray, muchos de los cuales lo conocían desde la secundaria y con quienes solía andar. Una de estas amigas era Lori. Ella era una típica chica de Indiana, o lo que Ray llamaba "Corn Fed", lo que significaba que era sana, buena chica, con buenos valores y moral. No era ni gorda ni delgada, tenía el cabello largo castaño arena, ojos cafés y el aspecto limpio de una chica del campo. Lori también era hermana de uno de los amigos de Ray, quien alquilaba una habitación en nuestro apartamento. Ella venía con frecuencia para pasar el tiempo con su hermano y con nosotros.

A medida que pasaban los meses y Lori venía más seguido, nos hicimos amigas, y no solo me confiaba a ella, sino que también comencé a confiar en ella. Mirando atrás ahora, veo que nunca debí haberme hecho amiga de ella ni haber confiado en ella. Empecé a notar las miradas que le lanzaba a Ray. Podía ver que le gustaba y que quería tener una relación con él; cuando le mencioné esto a Ray, me aseguró que no tenía ningún interés en ella.

Llegó un momento en que tanto el auto de Ray como el mío necesitaban reparaciones. Él me dijo que arreglaría el suyo primero y que, una vez hecho, me avisa cuándo podría llevar el mío al taller. Más tarde ese día, cuando Lori pasó por nuestro apartamento, le conté esto, y ella respondió: "Tienes tanto derecho como él a que arreglen tu auto. Si tu auto necesita reparaciones, llévalo al mecánico también." Sus palabras me dieron una sensación de validación que no había sentido en mucho tiempo. Animada por su apoyo, seguí su consejo.

Nunca imaginé que una decisión tan simple desataría tanta ira.

Cuando Ray llegó a casa y se dio cuenta de que había llevado mi auto al taller al mismo tiempo que el suyo, se enfureció y explotó de ira. Furioso, exigió saber por qué lo había hecho. Le dije: "Lori dijo que tenía derecho a hacerlo."

Sin decir una palabra más, me agarró del brazo violentamente y me arrastró al dormitorio.

En ese momento, Ray pesaba alrededor de 220 libras y medía 5 '8 ". Era más grande y fuerte que yo. Una vez dentro de la habitación, cerró la puerta con llave detrás de nosotros. Recuerdo sentir un miedo extremo, sabiendo lo violento que podía ser cuando estaba enojado. Lo que siguió fue aterrador. Sin una pizca de compasión, comenzó a golpearme y a lanzarme contra la pared mientras me lanzaba insultos. Corría por la habitación tratando de alejarme de él, intentando esconderme y evitar su ataque violento. Cada vez que trataba de escapar, él me bloqueaba, me golpeaba, me daba puñetazos y me lanzaba por la habitación. Corría en círculos desesperadamente tratando de huir, pero no había escape. No sé cuánto tiempo estuve en esa habitación, pero me pareció una eternidad. Mientras Ray me atacaba violentamente, sus “amigos” estaban en la otra habitación, pero nunca vinieron a ayudarme. Mientras trataba de escapar, recuerdo que Ray me agarró y me golpeó con el puño en el estómago. Me dio un golpe tan poderoso en el abdomen que caí al suelo con un dolor insoportable. En algún momento, Ray huyó. Recuerdo llorar y suplicar por ayuda.

La puerta de nuestra habitación quedó abierta, y sus amigos vinieron a ver qué había pasado. Tenía tanto dolor que iba entrando y saliendo de la conciencia; lo único que podía hacer era decirles que llamaran a la madre de Ray. No sé cuánto tiempo pasó antes de que ella llegara, pero cuando lo hizo, inmediatamente me llevó al hospital.

Recuerdo haber llegado al hospital, y mientras las enfermeras y los doctores comenzaban a atenderme, llegó la policía. Me preguntaron si quería presentar cargos y que lo arrestaran. Estaba en tanto dolor —físico, emocional y espiritual— que lo único que pude decir fue: "Hagan lo que crean correcto." Ese mismo día, después de realizarme radiografías, los doctores encontraron un tumor en mi páncreas y bazo que debía ser extirpado de inmediato, y me sometí a una cirugía de emergencia. Más tarde, los doctores explicaron que, debido a la enorme cantidad de estrés a la que había estado sometida, había desarrollado el tumor.

Mientras yacía en el hospital recuperándome de la cirugía, llegó mi madre. Lloraba y me suplicaba que regresara a California. Me rogaba; su voz estaba llena de dolor. Más tarde, mi madre me contó que cuando mi padre se enteró de lo que había pasado, lloró. Me dijo que nunca lo había visto llorar tan profundamente, y que quería ir a Indiana, pero ella le dijo que no, que ella vendría a verme porque mi padre estaba tan enojado que quería matar a Ray. Mi madre temía que mi padre realmente lo matara, por lo que decidió venir sola.

Mientras estaba en el hospital, el pastor de la iglesia a la que habíamos estado asistiendo vino a verme. Había llegado a conocer al pastor y a su familia. Ray tenía una alta opinión de este hombre porque él lo había tomado bajo su protección cuando sus padres lo habían rechazado. Cuando el pastor me vio, se le notaba dolor e incomodidad, pero me prometió que personalmente se aseguraría de que Ray nunca más pusiera una mano sobre mí. También me recordó lo sagrado que era el matrimonio y cómo Dios odiaba el divorcio. No recuerdo si le dije algo. No tenía respuestas para él y no estaba segura de si debía creerle o no, pero sus palabras se quedaron grabadas en mi mente.

Más tarde, apareció mi suegra. Se veía triste y afligida, avergonzada por lo que había ocurrido, pero no estaba segura de si estaba triste porque me habían golpeado o por su hijo. Me pidió que lo perdonara. Me suplicó que no me divorciara. Me dijo que Ray me amaba y que no había querido hacerme daño. Me dijo que él estaba arrepentido. Pero no estaba segura de si debía creerle, y desconfiaba de su visita porque sabía que no le agradaba. Sin embargo, nuevamente, las palabras que dijo se quedaron grabadas en mi mente.

Y entonces llegó Ray.

Entró llorando, se acercó a una silla y se sentó junto a la cama. Me pidió que lo perdonara, jurando que cambiaría, que me amaba y que no podía vivir sin mí. Prometió que nunca más me haría daño ni pondría una mano sobre mí. No dejaba de decirme cuánto lo sentía y cuánto se arrepentía de lo sucedido. Ray seguía pidiéndome que me quedara, que por favor no lo dejara, pero yo no tenía palabras para él; no sabía qué hacer. Pero lo que sí sabía era que no quería volver a casa y escuchar a mi madre y a mi abuela decir: "Te lo dije." Quería creer que lo que me decía era cierto, a pesar de saber en lo más profundo de mi corazón que tal vez no lo fuera. Debí haberme ido entonces. Ese era mi momento. Pero me quedé.

Capítulo 6
(Egipto, Éxodo 2:23-24)

Estuve en el hospital durante tres semanas. Después de ser dada de alta, fuimos a la casa de su madre, y su tía estaba allí. Al entrar por la puerta, ella estaba sentada en el sofá. Luego se volvió hacia mí y, muy fríamente, dijo: "Debes haber hecho algo para provocarlo a que te golpeara". Su comentario me dejó helada, y simplemente no respondí. Me sentí triste y culpable, pensando que tal vez era mi culpa. Nunca le conté a nadie cómo me había afectado su comentario, y simplemente continué la vida con Ray, esperando y rezando para que no me volviera a golpear.

Cuando regresamos a nuestro apartamento, estaba vacío. Ray me dijo que todos sus amigos se habían mudado. Fue entonces cuando nos mudamos a otro apartamento aproximadamente una semana después. Durante las primeras semanas, Ray fue amable, paciente y actuaba como si se sintiera mal por lo que había pasado.

Aunque Ray no me golpeó durante ese tiempo, siempre estaba en máxima alerta, temiendo que volviera a hacerlo. Ray lo sabía y utilizaba mi miedo para intimidarme emocionalmente y manipularme, obligándome a hacer cosas que no quería hacer. Constantemente me acusaba de tener relaciones con otros hombres. No importaba cuánto intentara convencerlo de que no era cierto; el asalto verbal continuaba. Siempre sentía que no podía complacerlo y que estaba luchando una batalla perdida.

Pero aún tenía la esperanza de que él cambiara y tuviéramos el matrimonio que tanto deseaba.

Recuerdo una Navidad cuando fuimos a la casa de los padres de Ray. Llegamos alrededor del mediodía, y su hermano y sus hermanas ya estaban celebrando, probando emocionados los hermosos sillones que sus padres les habían regalado. Cuando Ray preguntó por su regalo, esperando recibir también un sillón, su madre le entregó una caja pequeña. Dentro había un reloj barato. Vi cómo la tristeza y la decepción se apoderaban de su rostro, rápidamente seguida de ira. Cuando preguntó por qué no había recibido un sillón, sus padres le dijeron que si quería uno, "tenía que ser un mejor hijo".

Después de un intercambio tenso, nos fuimos de la casa. Experiencias como esa eran recordatorios constantes de que Ray no era el hijo favorito. Yo quería con tanto esfuerzo darle el amor que no había recibido de sus padres. Esperaba que él pudiera sentir que me importaba profundamente y que todo lo que quería era que él fuera feliz.

Me sentía mal por él y quería hacerle algo especial, así que decidí sorprenderlo con un sillón reclinable propio para compensar el dolor que llevaba por sus padres. Un par de semanas después, fui a una tienda de muebles local y puse un hermoso sillón en apartado. Me tomó casi tres meses pagarlo por completo, pero cuando finalmente lo entregaron en nuestro apartamento, estaba llena de emoción. No podía esperar a que lo viera. Pero en el momento en que vio el sillón, no sonrió. En cambio, me gritó por gastar dinero que no teníamos. Me sentí devastada, mi corazón se rompió. Cuando ofrecí devolver el sillón, esperando aliviar la tensión, volvió a gritar, esta vez insistiendo en que quería quedárselo. Nunca sabía cómo reaccionaría ante cualquier cosa. Sus cambios de humor eran tan rápidos y sin previo aviso que siempre me dejaban adivinando. Vivía en una constante niebla de confusión, sin estar segura de qué versión de él enfrentaría.

No recuerdo cuánto tiempo nos quedamos en el apartamento, pero sí recuerdo que tuvimos que mudarnos nuevamente. Recuerdo haberle dicho a Ray que quería regresar a la escuela y obtener mi título universitario. Le hice saber que, con un título, podría conseguir un trabajo y ganar más dinero. También le comenté que solicitaría el programa ROTC para ser oficial y ganar aún más dinero. Ray estuvo de acuerdo, así que solicité ingreso a IUPUI (Indiana University–Purdue University en Indianápolis). También solicitamos alojamiento en el campus y pronto nos mudamos a un apartamento tipo estudio en el campus. Yo había esperado que Ray cumpliera su promesa de no abusar físicamente de mí, pero pronto rompió la promesa que me había hecho.

Poco después de mudarnos al alojamiento del campus, el abuso verbal aumentó y comenzó el abuso físico. Ray me decía que era estúpida y fea. También me decía que si alguna vez subía de peso y me ponía gorda, se divorciaría de mí, lo que dio inicio a años de anorexia porque temía engordar y perderlo. Poco a poco, comenzó a golpearme de nuevo: un empujón aquí, un empujón allá, una mirada amenazante, persiguiéndome por nuestro apartamento tipo estudio. Me golpeaba, me daba puñetazos y patadas. Recuerdo que tenía una colección de muñecas que mi madre me había regalado. Un día, en un arranque de ira, Ray destruyó todas mis muñecas. Me sentí destrozada. Muchas veces me echaba del apartamento y cerraba la puerta para que no pudiera volver a entrar hasta que él decidiera dejarme entrar. Lloraba y golpeaba la puerta, disculpándome por lo que pensaba que había hecho mal y suplicándole que me dejara entrar. Cada vez que me echaba, me preguntaba por qué me estaba castigando. Siempre temía que me dejara afuera del apartamento, pero eventualmente me dejaba entrar y me decía que era mi culpa que me hubiera echado, y yo le creía.

Durante ese tiempo, Ray había comenzado a beber y a consumir drogas de nuevo, y cuando estaba borracho, drogado o ambas cosas, el abuso empeoraba. Una vez, después de un fin de semana de beber y drogarse, no había dinero, aunque acabábamos de recibir nuestro pago. Ray se enfureció y comenzó a gritarme por no tener dinero, exigiendo saber en qué lo había gastado. Estábamos acostados en la cama, y lo siguiente que supe fue que Ray se puso sobre mí, me rodeó el cuello con las manos y comenzó a estrangularme. No podía moverme ni respirar, ni siquiera gritar por ayuda; él era mucho más grande que yo. Estaba paralizada por el miedo y no podía pensar; pensé que iba a matarme. De repente, se detuvo. Cuando se apartó de mí, se disculpó. No recuerdo si lloré, pero sentí alivio y miedo al mismo tiempo. Ray nunca había hecho algo así antes. Nunca olvidé ese incidente, pero hasta el día de hoy no puedo usar nada ajustado alrededor del cuello.

Unas semanas después, estaba lista para volver a la escuela. Me inscribí en el ROTC (Reserve Officer Training Course). Quería ser oficial del Ejército. Disfrutaba estar en ROTC, aprender historia militar y participar en las actividades físicas que el curso requería. Recuerdo que todos los hombres de la clase se sentían atraídos por mí porque era mexicana, y no sabía muy bien qué hacer con tanta atención. Pero Ray lo había notado, y las acusaciones de que estaba con otros hombres se volvieron más de lo que podía soportar. Sin embargo, lo que yo no sabía era que, mientras Ray me acusaba de tener una aventura, él estaba buscando en secreto a su exnovia, Susan, quien entraría y saldría de nuestras vidas durante los siguientes diez años.

Ray y yo asistimos a una reunión donde, por casualidad, Susan también estaba presente. Había oído hablar de ella durante casi un año, pero esta era la primera vez que la vería en persona. Cuando Ray la vio, nos llevó y me presentó. Recuerdo sentirme instantáneamente intimidada. A mis ojos, ella era tan hermosa como Ray la había descrito: elegante, segura de sí misma, deslumbrante sin esfuerzo. Al estar junto a ella, me sentí pequeña e insegura, convencida de que no podía compararme con su belleza.

Capítulo 7
(Born Again, Romanos 10:9&10)

Conocer a Susan me hizo sentir pequeña. Desde el principio, ella irradiaba una belleza y confianza que instantáneamente despertaron todas mis inseguridades. Y Ray se encargó de recordarme que nunca podría estar a su altura.

Él insistió en que ella siguiera siendo parte de nuestras vidas, sin importar lo incómodo que me hiciera sentir. Así que hice lo que sentí que tenía que hacer: me hice su amiga y fingí que me agradaba, aunque por dentro me sentía deprimida, insegura y convencida de que era fea e inútil en comparación. Solo quería que desapareciera. Con el paso del tiempo, aprendí más sobre su vida. Iba de un hombre a otro, había perdido la custodia de su hijo a manos de un ex y luchaba contra la adicción. Su vida era caótica, pero nada de eso le importaba a Ray. Incluso cuando expresaba cómo me sentía, él nunca dejaba ir su amistad con ella. A veces desaparecía por un tiempo y yo sentía una pequeña sensación de alivio. Pero siempre regresaba.

Parte del requisito para convertirse en oficial era completar un programa de entrenamiento para oficiales de 8 a 10 semanas. Asistí al entrenamiento durante el verano, mientras me preparaba para cumplir 23 años. El entrenamiento fue intenso, pero también fue el primer lugar donde me sentí fuerte y competente. El sargento a cargo era un líder del Ejército experimentado, sabio, disciplinado y alguien a quien respetaba profundamente, y cuyo respeto pude ganarme.

Durante este entrenamiento, uno de los jóvenes que también se estaba preparando para ser oficial me llamó y me preguntó si me sentaría con él. Yo acababa de salir del comedor cuando me vio. Era blanco, de cabello castaño y ojos marrones, y medía aproximadamente 5'7". Lo reconocí de la clase, así que me acerqué y me senté a su lado. Después de unos minutos de conversación trivial, me hizo una pregunta que me tomó por sorpresa: "¿Siempre eres tan obtusa?". Antes de que pudiera responder, añadió suavemente que no tenía por qué serlo y me preguntó si conocía a Jesús personalmente. En ese momento de mi vida, solo conocía la versión de Dios con la que había crecido en la Iglesia Católica y al Jesús mencionado por el pastor de Ray. No entendía realmente quién era Jesús más allá de lo que me habían contado. Había sido criada para creer que, si no hacía todo bien o si cometía un error, Dios me castigaría y me enviaría al infierno. El Dios que conocía se sentía distante y severo. Así que respondí con honestidad y le dije que no, que solo había oído hablar de Jesús.

Luego me presentó a Jesús de una manera que nunca antes había experimentado. Me dijo que Jesús me amaba, que caminar con Él no se trataba de religión y reglas, sino de una relación. Esa idea me intrigó. Nadie me había dicho jamás que Jesús era personal, que me amaba por quien era, no por lo que hacía o dejaba de hacer. Algo cambió dentro de mí durante esa conversación. Antes de que terminara el entrenamiento, él prometió conectarme con un grupo de estudio bíblico que se reunía cerca de mi casa. Una parte de mí tenía hambre de más, de algo diferente, de algo esperanzador, así que acepté.

Cuando llegó el momento de regresar a casa, todos recibimos nuestros boletos de avión. De alguna manera, yo había perdido el mío; lo buscaba frenéticamente pensando que tal vez lo había tirado por accidente o lo había dejado en algún lugar, pero no aparecía por ninguna parte. No quería llamar a Ray porque sabía que se enfurecería al saber que había perdido el boleto y tendría que pagar otro. Pero, sabiendo que llamarían a mi vuelo y sin otra opción, lo llamé. Tuve que soportar un ataque verbal de 10 minutos, pero finalmente compró el boleto para que pudiera regresar a casa.

Unas semanas después de regresar a casa, recibí una llamada de una mujer llamada Laura. Honestamente, no creía que el joven del entrenamiento cumpliera su promesa, pero lo hizo. Laura me explicó que él le había dado mi número y que ella y su esposo organizaban un estudio bíblico en casa a través de un ministerio llamado The Way. Me invitó a unirme a ellos y, poco después, comencé a asistir.

Laura era amable y gentil, pero emocionalmente fuerte de una manera que me hacía sentir con los pies en la tierra. Tenía alrededor de 35 años, medía aproximadamente 5'7", con cabello castaño-claro y ojos marrones, y estaba casada con Steve, un hombre alto de cabello y ojos marrones. Juntos tenían dos hijas. Desde el principio, a Ray no le agradaba que yo asistiera al estudio bíblico.

Hizo todo lo posible por desanimarme, pero yo seguí asistiendo.

Durante los siguientes años, Laura y yo nos fuimos acercando. Me sentía segura con ella, de una manera que rara vez sentía en otro lugar. Hubo muchas noches en que Ray se volvía violento, y yo llamaba a Laura llorando, pidiéndole que viniera a recogerme del apartamento. Ella siempre venía. A menudo me llevaba al Denny 's donde trabajaba. A veces Steve u otro miembro del estudio bíblico se unía a nosotras. No recuerdo nuestras conversaciones exactas, pero sí recuerdo la calidez de esos momentos: Laura pidiendo café, el silencio del reservado, la sensación de que alguien se preocupaba.A medida que me conocía, Laura se dio cuenta rápidamente del abuso. Le conté lo que Ray había hecho y, aunque estoy segura de que trató de ayudarme a ver que no merecía ser lastimada, yo no estaba lista para escuchar ni para irme. Creía que si solo podía ser una mejor esposa, tal vez Ray dejaría de golpearme. En mi mente, agradar a Dios significaba quedarse, soportar y esforzarse más.

Durante esos años, Laura se convirtió en una segunda madre para mí. Se preocupaba por mí, me aconsejaba, me escuchaba sin juzgarme y, de manera suave y amorosa, me guiaba hacia Dios. Era un recordatorio constante de que no estaba sola, incluso cuando sentía que me estaba ahogando. A lo largo de nuestra amistad, Laura, a través de sus acciones, me llevó al Señor con su amor.

La noche en que entregué mi vida al Señor y me convertí en cristiana fue como cualquier otra noche en el estudio bíblico. Recuerdo salir de la casa de Laura y subirme a mi auto para irme. Estaba lista para cambiar mi vida y vivirla para Jesús. Mientras comenzaba el camino a casa, le dije a Dios que quería cambiar, confesé mi fe en Jesús y le pedí que entrara en mi corazón como Señor de mi vida. Lo único que recuerdo de ese viaje a casa fue llorar sin poder controlarme. Esa noche, mi vida cambió de muchas maneras que aún no comprendía. Aunque mis circunstancias no habían cambiado, esa noche la dirección de mi vida cambió. Al comenzar mi caminar con Jesús, los años venideros se hicieron más llevaderos de sobrellevar.

Capítulo 8
(Children, Salmos 127:3)

Cuatro años después de casarme con Ray, comencé a subir de peso, aunque no entendía por qué. Incluso Ray lo mencionó, diciéndome que debería ver a un médico. Así que fui. Cuando el médico me preguntó si existía la posibilidad de que estuviera embarazada, inmediatamente dije que no, que estaba tomando anticonceptivos. Él ordenó análisis de sangre y me pidió que esperara. Cuando regresó, me miró directamente a los ojos y dijo: "Estás embarazada de cuatro meses." Sentí que el mundo se me venía abajo.

El embarazo era lo último que esperaba escuchar, especialmente después de todo lo que había soportado y a pesar de estar tomando anticonceptivos. Una avalancha de emociones me golpeó de golpe: sorpresa, tristeza, miedo… y, en algún lugar profundo, felicidad. Pero el miedo lo dominaba todo. Ray había dejado muy claro durante todo nuestro matrimonio que no quería tener hijos. Lo había dicho con ira, con frustración, en conversaciones casuales, una y otra vez.

Sabía que tenía que decírselo, y durante el camino a casa ensayé diferentes maneras de hacerlo, esperando desesperadamente que me sorprendiera con amabilidad, solo por una vez. Cuando entré, él se estaba preparando para ir a trabajar y, por casualidad, estaba de buen humor, lo que me dio un poco de esperanza. Me preguntó qué había dicho el médico. Le dije: estoy embarazada. La expresión de su rostro cambió al instante, de incredulidad a pura furia. Explotó, exigiendo saber cómo había podido suceder eso, como si yo hubiera hecho algo mal. Me acusó de haber quedado embarazada a propósito para atraparlo, de engañarlo, insistiendo en que el bebé no podía ser suyo, y me lanzó insulto tras insulto. No había alegría en él, ni curiosidad, ni compasión. Solo rabia. En lugar de compartir la sorpresa o la frágil emoción que crecía dentro de mí, me exigió que abortara al bebé.

Me quedé allí, atónita, pero también extrañamente tranquila. Como tenía cuatro meses de embarazo, el médico me dijo que no era posible abortar, y sentí alivio. En algún lugar profundo dentro de mí—más profundo que el miedo a su ira, más profundo que el peso de nuestro matrimonio conflictivo y abusivo—surgió una determinación silenciosa pero inquebrantable. Sabía que tenía que proteger la vida que crecía dentro de mí. No sabía cómo lo haría, pero sabía que lo haría.

Pero mientras estaba embarazada, la historia comenzó a repetirse de la manera más cruel. Mientras mi madre estaba embarazada, la atención de mi padre estaba centrada en otra mujer mientras la llevaba a ella, y ahora, décadas después, me encontraba viviendo una historia inquietantemente similar: cargando a mi propio hijo mientras los afectos de mi esposo pertenecían a otra mujer. Ray incluía a Susan en todo y no intentaba protegerme del hecho de que quería que ella fuera parte de nuestras vidas.

Era como si él quisiera que viera que le importaba más ella que yo, y que mis sentimientos eran irrelevantes.

Eventualmente, Ray le dijo a ella que yo estaba embarazada, y ella se alegró al escucharlo y me felicitó. Le dijo a Ray que debería estar feliz de tener un bebé, y aunque yo sabía que él aún no quería un hijo, Susan cedió y aceptó que sería padre. Mientras estaba embarazada, Ray no me abusó físicamente, pero el abuso verbal y emocional continuó.

Una vez que le hice saber a Ray que ya era demasiado tarde para un aborto, dejó de presionarme y aceptó el hecho de que tendríamos un hijo. Pero había otra realidad a la que tenía que enfrentarme: me vieron obligada a salir del programa ROTC porque, en ese entonces, una mujer no podía estar embarazada y permanecer en el programa. Recuerdo el día en que tuve que decírselo a mi comandante. Cuando entré en su oficina, él estaba sentado detrás de su escritorio. Pedí permiso para entrar y me lo concedió. Le informé al comandante que estaba embarazada. Con cara seria, me dijo que, debido a mi embarazo, ya no podría continuar en el programa. El comandante me explicó que el programa ROTC no podía aceptar personal embarazada.

Luego me informó que sería dada de baja del programa. No lloré en ese momento, ya que no hubiera sido apropiado para una soldado llorar. Pero estaba devastada. Una vez que salí de su oficina, comencé a llorar y llamé a Laura. Ella trató de consolarme lo mejor que pudo, pero todo lo que podía ver en ese momento era una carrera arruinada y me sentía como un fracaso. Ray no ayudó; solo me hizo saber que había fracasado. A pesar de todo esto, Ray regresó a la Marina para que tuviéramos beneficios y él no tuviera que pagar una factura del hospital. La Marina luego le dio órdenes para ir a Hawái. No sé si Ray le dijo a Susan que nos dirigíamos a California y luego a Hawái; lo que sí sé es que, una vez que nos mudamos, perdimos contacto con ella.

Para entonces, las heridas emocionales ya se habían sumado a los golpes físicos, y en algún momento había comenzado a aceptar todo como parte de mi vida. El abuso se había vuelto mi normalidad. En algún punto, dejé de defenderme y simplemente aceptaba los insultos, la violencia, la humillación; esto era solo parte de la vida que había elegido. Lentamente, casi sin darme cuenta, el abuso se había tejido en la rutina de mis días, convirtiéndose en la "normalidad" con la que vivía. Pero, además, porque había presenciado el abuso en mi cultura y en mi familia, creía que la violencia en mi vida era "mi cruz que cargar", tal como me enseñaron en la Iglesia Católica y en mi cultura.

Después de esto, comenzamos a empacar el apartamento y nos fuimos a California. Nos quedamos con mi padre, quien toleraba a Ray por mi bien. Pero yo estaba feliz de estar cerca de mi familia antes de irnos a Hawái. Recuerdo haber ido al Hospital Naval de Long Beach para un chequeo. Lo siguiente que supe fue que me admitieron porque mi presión arterial estaba demasiado alta. Estuve de parto durante 24 largas horas y estaba lista para dar a luz a mi primer hijo.

Los médicos y enfermeras me monitoreaban a mí y al bebé; estaba teniendo contracciones, pero aún no había dilatado lo suficiente para entrar en trabajo de parto activo. Recuerdo que las enfermeras me decían que respirara y, cuando sentía ganas de empujar, me decían que todavía no era el momento. Me ayudaron con una técnica de respiración para evitar empujar. El doctor pensó que tendrían que hacer una cesárea, pero recuerdo que oré y le pedí a Dios que, por favor, me ayudara. Finalmente, dilate lo suficiente y comencé el trabajo de parto activo. No dejaba de preguntarme dónde estaba Ray, si estaría presente para el nacimiento de nuestro hijo, pero no aparecía por ninguna parte. Me sentí triste y decepcionada de que él eligiera no estar conmigo, pero me concentré más en tener a mi bebé que en su ausencia; después de todo, ya estaba acostumbrada. Así que, di a luz a nuestro primer hijo sola, con solo el personal del hospital a mi lado.

Joshua nació durante los cálidos y dorados días de verano en el Hospital Naval de Long Beach, en California. Pero cuando mi hermoso niño nació, no estaba respirando, por lo que el personal del hospital tuvo que llevarlo rápidamente a la unidad de cuidados intensivos neonatales. Estaba asustada porque no sabía por qué no respiraba. Las enfermeras lo llevaron de urgencia a la UCIN para que estuviera bien. Estaba preocupada y me preguntaba si había hecho algo que le causara daño. Oré y le pedí a Dios que cuidara de él y lo ayudara a respirar por sí mismo.

Lo visitaba en la UCIN y me preguntaba cuándo estaría Ray allí. Después de un par de días, comenzó a respirar por sí mismo, y cuando la enfermera lo puso en mis brazos, sentí un amor feroz y protector, como nada que hubiera experimentado antes. Lo amé a primera vista, agradeciendo a Dios por este hermoso regalo que me había dado.

Recorrí sus diminutos dedos con los míos, inhalé el dulce aroma de su piel de recién nacido y le prometí en silencio que haría todo lo que estuviera a mi alcance para mantenerlo a salvo. Mientras estaba en el hospital, mi madre y mi abuela vinieron a verme a mí y a Joshua. No recuerdo exactamente cuándo apareció Ray, pero finalmente vino a ver a su hijo unos días después, sin decir una palabra. No ofreció ninguna excusa por no haber estado conmigo durante el nacimiento de nuestro hijo. Más tarde supe que había estado bebiendo con sus amigos mientras yo estaba en el hospital dando a luz a su hijo.

Mi madre y mi abuela llegaron al hospital después de que las llamé y les informé que mi hijo había nacido. Se enamoraron de Joshua, y mi abuela oró una bendición sobre su vida, pidiendo a Dios que lo protegiera. Después de salir del hospital, regresamos a la casa de mi padre. Pasarían unas semanas más antes de que nos fuéramos a Hawái. Yo estaba llena de esperanza.

Capítulo 9
(Dios ve y sabe, Éxodo 2:25)

Después de que nació Joshua, Ray casi no tuvo relación con él. Rara vez sostenía a nuestro hijo y, como yo estaba amadrentando, insistía en que Joshua era mi responsabilidad. Nunca le cambió el pañal; me lo recordaba a menudo, diciendo que eso "era trabajo de mujer". Si Joshua lloraba, Ray no lo consolaba; en cambio, me llamaba a mí, molesto, diciéndome que me hiciera cargo. De innumerables maneras, dejaba claro que Joshua era únicamente mi responsabilidad. Yo había esperado que convertirse en padre lo suavizara, que quisiera estar presente para su hijo. Pero, en cambio, se mantuvo distante, pasando muy poco o ningún tiempo con Joshua, dejándome a mí casi por completo a cargo de la maternidad.

Cuando Joshua tenía aproximadamente un mes, llegamos a Hawái. Mientras Ray se acomodaba con la unidad en la que iba a servir, nosotros nos quedamos en un hotel. Una tarde, mientras bajaba en el ascensor para llevar a Joshua a la playa, ocurrió algo que nunca olvidaré. Un hombre entró, miró a mi bebé y dijo que era hermoso, luego, con naturalidad, me preguntó si quería venderlo. El shock y el miedo me invadieron. Abracé a Joshua con más fuerza, dije "no" de inmediato y salí apresuradamente del ascensor en cuanto se abrieron las puertas. Conmocionada, caminé hacia la playa para calmarme. La orilla era hermosa, repleta de conchas marinas, con las olas rompiendo rítmicamente contra la arena. El calor del sol hawaiano tocaba mi rostro y, por un breve momento, el océano me calmó y me dio una gran paz.

Antes de irnos a Hawái, Laura también se había asegurado de que yo hiciera contacto con otro estudio bíblico en casa del Ministerio Way. Allí conocí a Gloria y a su esposo Henry, quienes eran los coordinadores del estudio bíblico. Gloria medía aproximadamente 1,70 m. Tenía el cabello corto y castaño, era delgada, y tenía un carácter dulce que me hizo sentir bienvenida. Henry medía aproximadamente 1,80 m, también era delgado y tenía el cabello corto y negro. Era amable y algo paternal. Ambos eran amables y nos aceptaron a mí y a Joshua en el grupo con los brazos abiertos.

Pero después de conocerme un poco, ellos también notaron el abuso, y aunque yo intentaba esconderlo lo mejor posible, los moretones eran difíciles de ocultar.

Aunque yo esperaba que Ray dejara sus conductas abusivas, eso no sucedió. Y aunque no era tan abusivo físicamente, el abuso verbal y emocional continuaba, y era incluso peor que ser golpeada. Amamanté a nuestro hijo durante aproximadamente 4 meses, porque sabía que la leche materna sería buena para él.

Pero a Ray no le agradaba eso y exigió que dejara de darle el pecho, diciéndome que no le gustaba el sabor de la leche materna. Le rogué que me permitiera continuar, pero cuanto más le suplicaba, más enojado se ponía. Recuerdo que Ray me dijo que, para cuando él regresara a casa, era mejor que dejara de amamantarlo, o sufriría las consecuencias. Por miedo a su ira y a los ataques verbales, con tristeza en el corazón y lágrimas en los ojos, dejé de amamantar y compré fórmula para nuestro hijo. Una cosa es soportar el dolor uno mismo; otra muy distinta es verlo dirigido hacia los que amas.

Joshua tenía solo unos meses cuando finalmente encontramos un apartamento para vivir. A Ray le costaba mucho lidiar con nuestro hijo, especialmente cuando Joshua lloraba. Una noche, mientras Ray y yo estábamos sentados en la sala viendo televisión, pude percibir que estaba especialmente enojado e irritable. Joshua dormía en nuestro dormitorio cuando de repente se despertó llorando.

Ray exigió de inmediato que yo "lo callara". Me levanté para ir a consolar a nuestro hijo, pero Ray me gritó que me sentara y lo dejara llorar hasta dormirse. Como solía hacer, Ray seguía cambiando de opinión, lo que hacía la situación aún más confusa y aterradora. Le rogué que me permitiera ir con mi bebé, pero se negó, insistiendo en que me quedara donde estaba.

Después de unos minutos, Ray se levantó, furioso, gritando para que Joshua se callara, como si nuestro hijo pudiera siquiera entenderlo. Cuando me levanté e ingresé al dormitorio, me quedé paralizada.

Ray estaba presionando una almohada sobre la cara de nuestro hijo. El terror me invadió y comencé a llorar al escuchar los sollozos apagados de Joshua bajo la almohada. Ray continuaba presionándola, gritándole que se callara, como si nuestro bebé pudiera entenderlo. Mi voz temblaba mientras le suplicaba a Ray que se detuviera. Rogaba por la vida de nuestro hijo, gritando que lo iba a matar. Pero Ray estaba consumido por su ira. Me gritó que nunca había querido tener hijos y que no quería a nuestro hijo. Seguí suplicando entre lágrimas, rezando para que de alguna manera mis palabras llegaran a él. Cada segundo parecía una eternidad. Entonces, sin decir una palabra, Ray finalmente soltó la almohada y se alejó como si nada hubiera pasado.

Me apresuré hacia Joshua, le quité la almohada de la cara, lo tomé en mis brazos para consolarlo y agradecí a Dios que estuviera bien. Me juré a mí misma que nunca permitiría que algo le pasara. Debería haberme ido esa noche. Debería haber huido. Pero no lo hice. No podía. En algún momento, había construido cadenas invisibles alrededor de mí que no sabía cómo romper.

Debido a que Ray estaba destinado con los Marines, a menudo era desplegado durante seis meses seguidos. Cuando él se iba, finalmente sentía una sensación de paz. Podía descansar. Podía respirar. Pero cuando regresaba a casa, el abuso verbal y emocional se intensificaba. Después de estar confinado en un barco durante meses, se mostraba más irritable e impredecible, tratándome como si yo fuera uno de los Marines que él consideraba estúpidos, en lugar de su esposa.

Sus expectativas hacia mí se volvieron aún más poco razonables. Cuando Joshua tenía aproximadamente seis meses, conseguí un trabajo como asistente de salud a domicilio.

Me dio la oportunidad de trabajar con muchos de los residentes de la isla. Una de las esposas de otros Marines cuidaba a Joshua mientras yo trabajaba. El pueblo hawaiano me aceptó debido a mi piel oscura, y eso hizo que la vida en la isla fuera un poco más soportable. El trabajo se convirtió en mi refugio: mi única escapatoria de lo que estaba sucediendo en casa.

Recuerdo una noche en que Ray estaba en casa y tuvimos una discusión muy fuerte. Un vecino nos escuchó y llamó a la policía. Cuando llegaron y tocaron la puerta, estaba aterrorizada. Me preguntaron si todo estaba bien. Mentí y dije que sí. Me preguntaron nuevamente, y otra vez les dije que todo estaba bien. Después de que la policía se fue, Ray me culpó por su presencia. Pensé que me iba a golpear o a insultar verbalmente, y me preparé para lo que venía. Pero, en cambio, se calmó y dejó de discutir. Aunque el abuso físico ocurrió con menos frecuencia después de eso, el abuso verbal y emocional nunca cesó. En mi corazón, a menudo rezaba para que lo desplegaran nuevamente, porque cuando él se iba, yo descansaba.

Hice amistad con algunas de las otras esposas de la Marina y de los Marines, y cuando nuestros esposos estaban desplegados, pasábamos tiempo juntas, cuidábamos a los hijos de cada una y conversábamos sobre nuestros lugares de origen. Recuerdo buenos momentos, como cuando pedimos una piñata para celebrar el cumpleaños de Joshua e invitamos a mis amigas y a sus hijos a festejar con nosotros. Regresé a la escuela para continuar obteniendo mi licenciatura y asistí a la Universidad de Hawái.

Cuidaba de mi Joshua y lo protegía del abuso tanto como podía. A medida que Joshua crecía, comencé a aceptarlo cada vez más. Como tantas madres en relaciones abusivas, me quedé y me decía a mí misma que era por mi hijo. Me convencí de que tal vez, si aguantaba, Joshua crecería con ambos padres. Pero a medida que pasaban los meses, otro pensamiento comenzó a arraigarse. No quería que él creciera sintiéndose solo, cargando con el peso de nuestro hogar por sí mismo. Quería que tuviera a alguien con quien compartir su infancia, un hermano que estuviera a su lado.

Durante este tiempo, Ray notó un cambio en mí y se puso celoso del tiempo que pasaba en el estudio bíblico con Gloria y Henry. Ray comenzó a presionarme para que dejara de ir. Me decía que ellos eran una mala influencia para mí y que no quería verme pasar tiempo con ellos. Por más que le suplicara que me permitiera continuar en el estudio bíblico con Gloria y Henry, más me presionaba para que dejara de asistir. Eventualmente, me obligó a dejar de ir al estudio bíblico. Una vez, cuando Henry y Gloria vinieron a verme para convencerme de que regresara, les dije que ya no podía asistir. Estoy segura de que inventé una excusa sobre por qué no podía ir, pero extrañaba estar en el estudio bíblico. Extrañaba sentirme amada y cuidada, pero estaba casada y debía escuchar a mi esposo; eso era lo que creía. Temía su violencia y sus amenazas, y renuncié a aquello que me brindaba paz y comunidad.

Tres años después, Ray recibió órdenes para trasladarse a Indiana, esta vez a Evansville, a aproximadamente una hora de la casa de sus padres. Mientras nos preparábamos para la mudanza, le dije a Ray que quería tener otro hijo, para que Joshua no creciera siendo hijo único. También quería dejar de tomar la píldora porque me estaba haciendo sentir muy mal. Tras cierta vacilación, Ray finalmente estuvo de acuerdo, y pronto quedé embarazada de mi segundo hijo.

Capítulo 10
(Desierto Profundo, Éxodo 16:1)

La única gracia de regresar a Indiana era que tal vez podría volver a ver a Laura, aunque estábamos a una hora de distancia. Como Ray ahora era administrador de una unidad local de la Reserva de la Marina, estaba en casa todo el tiempo y básicamente tenía un trabajo de 9 a 5. Como resultado, el abuso físico, verbal y emocional se intensificó y empeoró. El abuso era constante, siempre estaba asustada y preocupada, y esto afectó mi salud física y mental.

Los padres de Ray estaban encantados de conocer a Joshua, y por primera vez parecían aceptarme, pero solo porque había dado a luz a un hijo que continuaría con el apellido Westerfield. Para ellos, Joshua era simplemente blanco. Ignoraron el hecho de que también tenía herencia mexicana. Esa realización dolió profundamente, porque sabía que en realidad no me aceptaban; solo veían la parte de mi hijo que les convenía.

Ray y yo compramos una casa en Evansville, Indiana. Nuestros vecinos eran personas amables que me dieron la bienvenida al vecindario, haciéndome sentir como en casa. Tenía aproximadamente cinco o seis meses de embarazo cuando nos mudamos a nuestra casa, y aunque hice todo lo posible por ocultar el abuso a mis vecinos, después de un tiempo se dieron cuenta de que algo estaba mal, especialmente al verme cortar el césped cuando tenía ocho meses de embarazo. Incluso cuando una vecina me preguntó por qué Ray no lo hacía, le mentí para cubrirlo.

Siempre se preocuparon por mí y por mi seguridad, y hasta hoy los recuerdo con mucho cariño. Ahora que estaba a una hora de distancia de Laura, esperaba poder verla más a menudo, pero Ray siempre encontraba una razón para que no pudiera ir a pasar tiempo con ella. Así que hablábamos por teléfono tanto como era posible. Fui a verla un par de veces, pero eso fue todo.

Jacob nació en un hermoso día de primavera. El aire estaba fresco y las flores florecían. Sin embargo, al igual que su hermano, no respiraba al nacer y fue llevado de inmediato a la unidad de cuidados intensivos neonatales (UCIN). Cuando finalmente fui a verlo, era el bebé más hermoso que había visto en mi vida. Los padres de Ray también vinieron de visita, y una vez más, lo único que veían era un bebé "blanco", ignorando la parte de él que también era mía. Mi corazón dolía por su indiferencia, y, sin embargo, también estaba lleno de alegría y gratitud por mi hijo que había llegado a este mundo.

Había rezado por una hija, pero Dios me dio otro hijo. Aunque sentí un momento de decepción, lo amé al instante y por completo. En los años que siguieron, cuando miraba a mis dos hijos uno al lado del otro, se convirtieron en mi razón para sobrevivir. Eran la luz que me guiaba a través de la oscuridad, la fuerza que me ayudaba a seguir caminando por el desierto en el que estaba atrapada.

Recuerdo momentos en que Ray me ponía en una llave de estrangulamiento y luego me decía: "Sabes que podría romperte el cuello y matarte ahora mismo". Yo permanecía quieta, rezaba, no mostraba ningún signo de miedo o nerviosismo, y esperaba hasta que me soltara. Pero una vez que me soltaba, me dirigía a la cocina o a nuestra habitación y lo escuchaba decir: "Tienes suerte de que no te maté". Cuando me sentía segura, entonces me permitía llorar y sentir el miedo que tenía en el corazón, y siempre le agradecía a Dios por salvar mi vida y no permitir que Ray me matara. La crueldad de Ray siempre cortaba mi corazón como un cuchillo.

Antes de que el término "gaslighting", una forma de manipulación psicológica, se pusiera de moda, Ray ya me lo hacía constantemente. Por ejemplo, muchas veces me decía que iba a arreglar algo en la casa y, al día siguiente, me decía que nunca había dicho eso; luego me decía que yo estaba loca. Incluso cuando estaba segura de lo que había dicho o me había prometido, lograba hacerme sentir y pensar que tal vez yo estaba loca y perdiendo la cordura. Hubo ocasiones en las que pasaba días sin hablarme y, cuando finalmente lo hacía, se aseguraba de recordarme que era mi culpa que él hubiera dejado de hablarme.

Una mañana de invierno, después de dejar a mis hijos en la escuela y con la niñera, mi ventana se había empañado y no vi una señal de alto. Resbalé en el camino helado y choqué contra el costado de una casa de ladrillo. Llegaron la policía y una ambulancia, y me llevaron de inmediato al hospital. Cuando Ray llegó, en lugar de preguntar cómo estaba, me dijo lo tonta que había sido por chocar el auto. No le importaba que me hubiera lastimado o que pudiera haber muerto en el accidente; su preocupación era por el auto.

Ray decidió comprar un par de rifles. Un día, estaba sentado en la sala limpiando uno de los rifles y dijo casualmente, mientras me apuntaba con el rifle: "Caray, me pregunto si habré sacado todas las balas de este rifle". Simplemente me aparté de su camino y me fui a la cocina. Me asustó que me apuntara con el rifle porque no sabía si solo estaba bromeando o si realmente me estaba amenazando de muerte. Siempre tuve miedo de Ray, pero como elegí no mostrarle que tenía miedo, continué como si su amenaza no importara. Recuerdo que un día encontré las balas y las escondí. Cuando Ray preguntó por las balas, exigiendo saber si yo sabía dónde estaban, mentí y le dije que no sabía qué había pasado con ellas. Le tenía miedo a Ray y, aun así, me resultaba muy difícil dejarlo, ahora que tenía dos hijos que mantener. Creí las mentiras de Ray: que yo no era nada sin él y que no podría salir adelante por mi cuenta.

Recuerdo uno de los momentos más humillantes que viví con Ray. Se suponía que debíamos asistir al baile militar anual de su unidad, un evento formal. Compré un vestido hermoso y lo mandé a ajustar. Cuando llegué a casa y se lo mostré a Ray, me miró y dijo: "Pareces una prostituta". Mi corazón se hizo pedazos… Me exigió que me cambiara por un vestido más apropiado para un club nocturno y, después de más insultos y amenazas de dejarme en casa, finalmente cedí. En el baile, sentía todas las miradas sobre mí, preguntándose por qué no llevaba un vestido de gala. Me sentí humillada, fuera de lugar y avergonzada. Evitaba el contacto visual, convencida de que las otras esposas me estaban juzgando. Todo lo que quería era desaparecer. Ahora bien, no soy una persona que beba mucho, pero esa noche tomé cinco whiskies con Coca-Cola para adormecer el dolor. No recuerdo cómo llegué a casa, pero al día siguiente me levanté y limpié mi casa. Ni siquiera me permití llorar, porque había aprendido a no llorar delante de Ray. Así que, en lugar de eso, actué como si nada hubiera pasado y cerré mi corazón. Elegí no sentir, ni amar ni sufrir, para protegerme a mí misma y a mi corazón de más daño.

Durante este tiempo, Ray comenzó a andar con otras mujeres. A menudo, cuando me preparaba para hacer la lavandería, encontraba pedazos de papel con nombres y números de teléfono. Llamé a un par de esas mujeres para hacerles saber que él estaba casado, y siempre se disculpaban conmigo. Cuando confrontaba a Ray por estas otras mujeres, él me reprendía, me insultaba, me decía que no debería estar revisando sus cosas y luego me decía que era mi culpa que él hubiera estado con otra mujer. Siempre me hacía sentir como si yo fuera fea y poco digna de ser amada, y que si fuera una mejor esposa y madre, él no tendría que estar con otras mujeres.

Por esa época, un hermoso gato llegó a mi vida. Un día apareció en mi patio, así que comencé a alimentarlo porque era un gato callejero, pero pronto se convirtió en un gato de interior y exterior. Mis hijos y yo amábamos a ese gato y lo llamamos Charlie. A Ray le desagradaba el gato y a menudo me decía que me deshiciera de él, pero yo no lo hice. Un día no pude encontrar a Charlie. Lo llamé una y otra vez, pero no venía. Unos días después, lo encontré muerto en el patio. Estaba devastada y lloré; me dolía el corazón porque mi gato había muerto. Enterré a Charlie en el jardín trasero. Decidí entonces que nunca volvería a tener otro gato.

Durante este tiempo, Ray decidió que quería un perro. Un día llegó a casa con un Chow-Chow que había comprado y lo llamó Rocko. Al principio, Ray se ocupaba de él, pero pronto la responsabilidad recayó completamente en mí. Ray no tenía la paciencia para cuidar de Rocko, aunque a menudo parecía que le gustaba más el perro que nuestros propios hijos. Hubo momentos en que Ray fue cruel con él. Recuerdo que, cada vez que fumaba marihuana, soplaba el humo en la nariz de Rocko para drogarlo. Una noche, mientras él mismo estaba drogado, Ray insistió en ver cuánto comería Rocko y seguía abriendo lata tras lata de comida para perros. Le dije que se detuviera porque Rocko se enfermaría, pero no me escuchó. Finalmente, Rocko vomitó todo. A pesar del comportamiento de Ray, Rocko se convirtió en parte de nuestro pequeño círculo. Mis hijos y yo llegamos a amarlo profundamente. Y así como intentaba proteger a mis hijos del abuso de Ray, también hice todo lo posible por proteger a Rocko.

A medida que el abuso se intensificaba, aprendí a soportarlo y acepté esa vida. Después de todo, me habían enseñado que él era mi esposo, que lo había elegido y que debía lidiar con la vida que me había dado; esa era mi cruz que cargar, porque ¿cómo podría dejar a mis hijos sin un padre? Durante los cuatro años que viví en Indiana, crié a mis hijos, me gradué en USI (Universidad del Sur de Indiana) con mi licenciatura en Psicología, continué en la Reserva del Ejército y trabajé como asistente de salud a domicilio. Pero cada día rezaba, pidiéndole a Dios que me trajera de regreso a California; estaba lista para volver a casa, incluso si eso significaba escuchar a mi madre y a mi abuela decir: "Te lo dije". Entonces, un día, mis oraciones fueron escuchadas: Ray recibió órdenes para Camp Pendleton, en Oceanside, California.

El día que sus cadenas cayeron

Capítulo 11
(Preparándose para cruzar, Josué 3:5)

Cuando dejamos Indiana, manejamos a través del país hasta Oceanside, California. El viaje duró cinco días, deteniéndonos sólo cuando caía la noche para que Ray pudiera descansar. Durante la mayor parte del viaje, mis pensamientos se aferraban a una sola palabra: hogar. Imaginaba volver a ver a mi madre, estar finalmente cerca de ella. Ella vivía en La Mirada, a solo una hora de distancia. Incluso si me recibía con un "Te lo dije", ya no me importaba. Solo quería estar cerca de ella.

Llegamos a Oceanside justo antes de Navidad. Una de las primeras cosas que hice fue llamar a mi madre para informarle que habíamos llegado sanos y salvos y que Ray y los niños vendrían conmigo a visitarla este fin de semana. Cuando abrió la puerta y me vio, comenzó a llorar. Nos abrazamos fuertemente, y en ese momento sentí a la vez alivio y dolor en el corazón. La había extrañado profundamente.

Más tarde ese día, mi madre me dijo que cuando me vio por primera vez, "parecía un muerto reanimado". Tenía razón. Me sentía vacía por dentro. Había perdido peso, mi cabello se estaba adelgazando y mi salud se estaba deteriorando.

Planeamos quedarnos la noche para poder visitar a mi abuela y a la familia extendida al día siguiente. Pero a primera hora de la mañana siguiente, Ray me despertó y me dijo que quería irse; se sentía incómodo. Su tono y la ira en sus ojos no dejaban espacio para discusión. Así que hicimos las maletas y regresamos a Oceanside. Llamé a mi madre para explicarle. Estaba decepcionada; había planeado un día completo para nosotros. Una vez más, algo precioso nos fue arrebatado— a mí y a las personas que más me amaban. Nos establecimos cerca de la base. Ray se presentó a su nuevo mando, y yo encontré trabajo como asistente de salud a domicilio con la Asociación de Enfermeras Visitantes. Inscribí a Joshua, que tenía cuatro años, en preescolar y encontré una niñera para Jacob, que tenía dos. Estar más cerca de mi madre traía momentos de consuelo, pero el abuso no se detuvo.

Un día llegó un paquete para Ray, enviado por una mujer de Indiana. Dentro había artículos íntimos. Cuando lo confronté, me dijo que no era asunto mío. Más tarde, la llamé yo misma y le dije que yo era su esposa. Ese día no me golpeó, pero su ira era inconfundible. Para entonces, la violencia física había disminuido, pero el abuso verbal y emocional continuaba sin cesar.

Cuando visitábamos a mi madre, Ray a menudo nos acompañaba. Ella lo toleraba por mi bien, aunque nunca le gustó la manera en que me trataba. Más de una vez, en medio de la noche, Ray decidía que quería irse. Por más que suplicara quedarnos, él gritaba, me reprendía y me obligaba a cargar a nuestros hijos en el auto. Al día siguiente, llamaba a mi madre con otra disculpa más. Aunque estaba cerca de casa, aún me sentía impotente.

Una tarde, compré zapatos nuevos para nuestros hijos. Cuando Ray los vio, estalló, acusándome de malgastar dinero. En su enojo, tomó uno de sus juguetes y lo lanzó por la ventana del auto. Para entonces, entendí: Ray valoraba el dinero y las posesiones más que a nosotros. Su infidelidad continuaba. Llegó otro paquete, esta vez lleno de lencería y una nota de una mujer de Indiana. Cuando lo confronté, negó conocerla. Después de que la llamé y ella lo confrontó, él se volvió contra mí, insistiendo en que no era asunto mío con quién elegía estar.

Cuando Ray fue desplegado durante seis meses, por primera vez, comencé a planear en silencio irme. Encontré un apartamento y me mudé con mis hijos sin decirle dónde estábamos. Le escribí una carta, diciéndole que los vientos del cambio se acercaban. Su respuesta fueron cartas frenéticas llenas de disculpas y promesas. Aunque estaba agotada y desesperada porque el abuso terminara, elegí creer que él quería salvar nuestro matrimonio.

Cuando terminó su despliegue, fui a recogerlo, sintiéndome una vez más atrapada por el deber. Al principio, él lo intentó: flores, tareas, promesas. Pero pronto, el abuso verbal regresó. Una noche, durante una discusión, yo estaba llorando y abrumada. Ray se volvió hacia nuestro hijo y dijo con calma: “Mira lo loca que está tu madre”. Me alejé entre lágrimas.

Ray insistió en que necesitaba terapia. El consejero al que me llevó sugirió que viera a un terapeuta civil. Al principio, me negué. Pero una noche, Ray llevó comida rápida a casa y la comió frente a nuestros hijos. Cuando

Joshua pidió una papa frita, Ray dijo que no. Algo dentro de mí se rompió. Supe entonces que no quería que mis hijos crecieran en el mismo ambiente que me había destrozado. Llamé al terapeuta y comencé sesiones semanales.

Poco a poco, comencé a comprender mi situación.

Mi terapeuta me sugirió llevar un diario para expresar lo que no podía decir y ayudarme a poner en palabras lo que sentía. También me dio artículos escritos por mujeres que habían sobrevivido al abuso y habían dejado a sus agresores. Al leer sus historias, no podía dejar de pensar: ella está contando mi historia. Por primera vez, me di cuenta de que no estaba sola.

Mientras escribía en mi diario, me vinieron recuerdos de momentos que había enterrado profundamente. Parecía que Dios los traía suavemente a la superficie, uno por uno. Recordé la noche en que Rocko orinó en la cama. Ray lo agarró del cuello y lo golpeó repetidamente en un arranque de ira. Intenté intervenir, pero no quiso escuchar. Cuando finalmente lo soltó, Rocko corrió a la sala y se escondió. Luego Ray me ordenó cambiar las sábanas, pero el colchón todavía estaba húmedo. Cuando se lo dije, estalló: "Entonces duermes en la cama mojada. Eso es lo que mereces por no sacarlo a pasear antes de salir". Y así lo hice. En ese momento, realmente creí que lo merecía. Pero al escribir ese recuerdo en mi diario, finalmente vi la verdad: nunca fue mi culpa. A través del diario y de la lectura de las historias de otras mujeres abusadas, mis ojos lentamente se abrieron. Me di cuenta de que el abuso no era normal y que no se merecía. Era como si Dios estuviera retirando suavemente un velo, mostrándome la verdad de mi vida y recordando que merecía mucho más.

Una noche, mientras estaba sola escribiendo, me quité y me puse el anillo de bodas, sopesando la decisión que tenía delante: quedarme o, finalmente, irme.

Capítulo 12
(Dios me habló, Efesios 3:20)

Mientras estaba sentada sola en la sala, seguía deslizándome el anillo de bodas dentro y fuera del dedo. Cada vez que me lo quitaba, una ola de miedo me invadía. No sabía si podría salir adelante por mi cuenta. Ray había pasado años convenciéndome de que no era nada sin él. Pero estaba exhausta: cansada del caos, cansada del miedo, y ya no podía soportar la idea de que mis hijos crecieran bajo la sombra de un padre abusivo. Así que continué en terapia, orando para que Dios me mostrara el camino a seguir.

La decisión de irme no fue fácil. Todavía estaba emocional y financieramente entrelazada con Ray. Él percibió que me estaba alejando y, de repente, comenzó a desempeñar el papel de un buen esposo: lavando los platos, limpiando la casa, trayendo flores, suavizando su voz. Pero esa ternura nunca duraba. Casi de inmediato, me acorralaba con las Escrituras. Sabía cuánto amaba a Dios y usaba mi fe como un arma. Cada vez que surgía el tema del divorcio, torcía los versículos bíblicos, haciéndome sentir pecadora y desobediente por desear libertad.

Estaba agotada, ansiosa y aterrorizada. Sin embargo, cada vez que miraba a mis hijos—cada vez que veía a Ray intentando usarlos como palanca, llevándolos a su control—sabía que debía elegir un camino diferente. Leer mi Biblia me brindaba consuelo; solo saber que Dios estaba conmigo, calmaba mi corazón. Estar cerca de casa también ayudaba. Mi madre y mi abuela me rodeaban con un amor silencioso, sin decir jamás: “Te lo dije”. Simplemente, ellas estaban a mi lado.

Una mañana, mientras conducía al trabajo, le derramé a Dios todo mi miedo y confusión. Estaba exhausta, asustada e insegura. Una parte de mí aún quería salvar mi matrimonio; otra parte no. Y en la quietud de ese viaje, una verdad silenciosa se asentó en mi corazón: Quédate porque quieres quedarte, no porque creas que tienes que quedarte. En ese momento rompí en llanto. Sentí como si Dios mismo me estuviera liberando, dándome permiso para alejarme. Por primera vez, sentí alivio. Dios no me castigaría por dejar un matrimonio abusivo.

Por esa época, Ray comenzó a hablar nuevamente con su exnovia, Sarah. No sé quién se comunicó primero, solo que de repente ella reapareció en su vida como si nunca se hubiera ido. Hablaba con ella abiertamente frente a mí o se encerraba en nuestra habitación, hablando lo suficientemente alto como para que yo escuchara. Cuando lo confronté, respondió fríamente: “Sarah me entiende. Ella me ama.” Nuestras discusiones se volvieron constantes, y él las usaba para humillarme—diciéndome que ella era una mejor mujer, que ella lo quería, y de algún modo distorsionando todo hasta que yo me sentía culpable, como si mis fracasos fueran la razón por la que él recurre a ella.

Había creído que él quería salvar nuestro matrimonio. Me equivoqué. Con cada palabra cruel y cada manipulación, mi determinación se fortalecía. Aproximadamente una semana después de que Sarah apareciera en su vida, me encontré nuevamente conduciendo por la autopista, llorando y clamando a Dios, lamentando los escombros de mi matrimonio. Entre mis lágrimas, rogué por claridad. Y una vez más, sentí esa misma tranquila seguridad:

No tienes que quedarte. Quédate solo si realmente es lo que quieres.

Era la segunda vez que escuchaba el mismo mensaje. Aún no sabía exactamente qué haría, pero la urgencia se había instalado en mi espíritu. Sabía que debía tomar una decisión, no solo por mí, sino también por mis hijos, quienes merecían una vida libre de manipulación, caos y abuso emocional.

No mucho después, Ray me dijo que iba a ver a Sarah en Pensilvania. Me quedé atónita. Había creído que todavía quería arreglar nuestro matrimonio, pero sus acciones hicieron que la verdad fuera innegable. El día que se fue, le dije con calma: “Si sales por esa puerta, no esperes volver a mi casa.” Él no me creyó, y aun así se fue.

Mientras él estaba fuera, continué con la terapia. Sin su presencia en mi hogar, comencé a ver con claridad. La niebla se disipó, y la decisión que antes parecía imposible empezó a sentirse inevitable.

Mis años en el ejército también moldearon lo que vino después. Me habían enseñado a evaluar una situación, tomar una decisión y seguir adelante. La duda no era una opción cuando otros dependían de ti. Una vez que decidí irme, supe que no podía haber vuelta atrás. Partir requería compromiso, porque regresar solo permite que el abuso se haga más fuerte. Cuando elegí dejar a Ray, mi decisión fue definitiva.

Nunca olvidaré el día en que se volvió innegable. Estaba de pie en mi sala, exhausta, diciéndole a Dios que ya no podía soportar más el abuso. Y fue entonces cuando comenzaron a surgir más recuerdos que había enterrado: haber sido enviada al hospital, la humillación en el Baile de la Marina, el ojo morado que recibí mientras estaba en ROTC. A medida que cada recuerdo regresaba, me derrumbé en llanto.

Entonces sentí la presencia de Dios de una manera que nunca antes había experimentado: no de forma audible, pero sí inconfundible. Vi Su mano extendiéndose hacia mí, y sentí Sus palabras en mi espíritu:

Si no te vas, morirás. Pero si tomas mi mano, te daré más de lo que puedes imaginar.

Mi decisión fue inmediata. Extendí la mano y susurré: “Vámonos”.

Desde ese momento, nunca miré atrás.

Reuní las pertenencias de Ray, metiéndolas en grandes bolsas de basura, y las llevé a la base donde él trabajaba. Las entregué y dije simplemente: “Díganle a Ray que ya no es bienvenido en mi casa”. Luego me fui. En cuanto llegué a casa, llamé a mi terapeuta y le pedí el nombre del abogado. Al día siguiente, programé una cita.

Aproximadamente una semana después, Ray llamó desde el aeropuerto, exigiendo saber por qué no estaba allí para recogerlo. Le dije con calma: "No voy a ir." Cuando estalló en ira, sentí algo nuevo: paz. Le dije que sus pertenencias estaban en su lugar de trabajo y que los papeles del divorcio seguirán. Yo era libre. Y mis hijos también.

Tenía treinta y cuatro años cuando finalizó mi divorcio. Dios me guió fuera de mi Egipto, a través del Jordán y hacia la tierra prometida.

El día que sus cadenas cayeron

Capítulo 13
(Tierra prometida, Deuteronomio 11:9)

Después de dejar a Ray, la batalla no había terminado. Aún cargaba el peso de la inseguridad, y su voz resonaba en mi mente, diciéndome que no valía nada, que no era nada.

Pero a lo largo de los siguientes veinte años, Dios comenzó a sanarme lenta y suavemente: mi corazón roto, mi alma herida y mi mente destrozada.

Una de las maneras en que Dios habló sanidad a mi vida fue a través de los sueños. Nunca olvidaré un sueño en particular. Fue tan vívido, tan lleno de luz y belleza, que se sentía más real que la vida despierta. Estaba en una habitación luminosa, con la luz del sol entrando a raudales por la ventana.

Las cortinas se mecían suavemente con una brisa cálida. Yo estaba embarazada y lista para dar a luz. De repente, me encontré debajo de una mesa, en trabajo de parto y con dolor, trayendo a un niño al mundo.

Entonces todo cambió.

Cuando levanté la vista, una niña pequeña estaba sentada en la cama. Era impresionante: cabello largo y negro, ojos profundamente negros y una presencia tan pura y hermosa que apenas podía respirar.

Era la niña más hermosa que jamás había visto.

Cuando le pregunté a Dios qué significaba el sueño, Él habló claramente:

"La hermosa niña pequeña eres tú. Así es como yo te veo. Esta es la mujer en la que te estoy convirtiendo."

Y ahora, años después, puedo ver la verdad de ese sueño. Dios lo ha hecho realidad. Soy la mujer en la que Él me estaba formando, la mujer que Él vio desde el principio. Hoy sé que soy amada, apreciada y la niña de sus ojos.

Otra forma en que Dios me sanó fue a través de un ministerio que descubrí por accidente, o más bien, por el tiempo perfecto de Dios. Un día estaba escuchando la radio cuando encontré a Joyce Meyer Ministries.

Sus mensajes eran sencillos pero poderosos. Hablaba del profundo amor de Dios por nosotros y de Su deseo de liberarnos de los pensamientos destructivos que nos mantienen en cautiverio: pensamientos que nos dicen que no valemos nada, que no somos suficientes o que estamos más allá de la esperanza.

A medida que escuchaba sus enseñanzas día tras día, Dios usó sus palabras para levantar suavemente el velo de mis ojos. Comencé a ver que sí merecía algo mejor, que no tenía que vivir atormentada por las mentiras que me habían acosado durante tanto tiempo.

Poco a poco, Dios me ayudó a liberar las inseguridades que me habían mantenido cautiva desde mi tiempo con Ray.

Dios también trajo a mi vida una amiga preciosa durante esa etapa: una mujer llamada Rita, a quien conocí mientras trabajaba como asistente de salud a domicilio. Mi trabajo era bañar a su esposo, que estaba en coma permanente. Pero incluso en esa difícil situación, Dios estaba obrando. Rita se convirtió en una voz de aliento, recordando a menudo que era amada, por ella y, lo más importante, por Dios. Su amabilidad era como un bálsamo para mi corazón herido.

A medida que Dios fue trayendo personas, ministerios y seminarios a mi vida, comenzó a reconstruir pieza por pieza. Uno de los seminarios más impactantes a los que asistí se llamaba Momentus.

La clase utilizaba ejercicios emocionales para ayudar a los participantes a acercarse a Dios, liberando heridas y dolores del pasado.

En un ejercicio, nos colocamos en un gran círculo y a cada uno nos dieron palitos de helado. Nos dijeron que entregáramos un palito a cualquiera que hubiera tenido un impacto positivo en nosotros durante el seminario. Cuando el instructor preguntó quién había recibido cinco o más palitos, levanté la mano, junto con algunos otros.

Luego se nos pidió que nos sentáramos en el centro del círculo, mientras que al resto del grupo se le indicó que nos hablara como si fuéramos su última oportunidad de enviar un mensaje a sus seres queridos antes de ahogarse.

Observé a hombres y mujeres llorar mientras suplicaban perdón, expresaban amor a sus esposos y a sus hijos, y compartían las palabras que desearían haber dicho.

Todos estábamos llorando. Pero cuando el ejercicio terminó, algo poderoso se instaló en mi corazón: mi vida había impactado a otros, algo en lo que nunca había creído realmente antes.

A través de este seminario, Dios me ayudó a liberar heridas profundas, no solo de mi matrimonio, sino también de mi infancia.

Esos años fueron tanto buenos como difíciles: llenos de crecimiento, llenos de lucha. Y hubo momentos en que me perdí, momentos en que me desvié. Pero incluso cuando me alejaba, nunca solté la mano de Dios. Y cada vez que clamaba en dolor o confusión, Él me escuchaba. Siempre me conducía de regreso a sus amorosos brazos.

Me tomó muchos años, pero Dios me enseñó fielmente mi valor y mi dignidad. Y poco a poco, Él restauró a la mujer que siempre supo que yo podía ser.

Cuando más tarde acepté un trabajo que requería mi título universitario, tuve que sacar mi diploma de una caja donde lo había escondido. Al sostenerlo en mis manos, me di cuenta de la verdad: el título que me tomó once años obtener no era la "tontería de título" que Ray afirmaba que era, si no la prueba de mi inteligencia, perseverancia y de la fidelidad de Dios en mi vida.

Dios también abrió la puerta para que regresara a la Reserva del Ejército y completara mi carrera militar. Me había ido después de mi divorcio porque mis hijos me necesitaban más que el Tío Sam, pero siempre extrañé la camaradería. Cuando regresé, serví otros diez años y eventualmente me retiré a los sesenta años.

Durante esa etapa, regresé a la escuela y obtuve mi maestría en Psicología Forense y, más tarde, mi doctorado en Psicología cuando cumplí 61 años. A lo largo de esos años, Dios me hizo iniciar el ministerio/organización sin fines de lucro llamado God 's Heart Ministry / Las Valientes, que ayuda a mujeres abusadas a salir de relaciones violentas. Crié a mis hijos, quienes ahora han crecido y son hombres de los que me siento orgullosa, hombres de excelencia e integridad. Hoy estoy orgullosa de mis logros y agradecida a Dios cada día, porque ahora vivo en la promesa que Él me susurró hace años.

Mensajes Finales 14
(Proverbios 31:29-31)

Al mirar atrás a los años con Ray, sé que no tenía las herramientas para detener lo que estaba sucediendo. Pero Dios me dio la salida y me rescató de la esclavitud en la que estaba. A veces lloro por la mujer que fui, y a veces no siento nada.

Pero hay algo que sé: Dios siempre estuvo conmigo, nunca me dejó, me amó y me habló, y cuando estuve lista, Dios me ayudó a irme. No dudo ni por un momento que Dios dispuso todo para que pudiera marcharme.

Se dice que la retrospectiva es 20/20; cuando estamos atravesando algo, no siempre podemos ver el camino con claridad. Pero cuando miramos hacia atrás, podemos ver más claramente.

Lo comparo con alguien que tiene una visión perfecta y no necesita gafas, pero que, al envejecer, requiere lentes porque la vista se debilita. Ahora veo que el abuso había pasado de generación en generación, algo a lo que yo estaba acostumbrada, pero una vez que me convertí en una cristiana madura, elegí romper esa maldición generacional.

Ahora, cuando miro hacia atrás en mi vida, veo que muchas de las decisiones tontas que tomé no fueron impulsadas por malicia o rebeldía, sino por una profunda inseguridad.

No conocía mi valor ni mi importancia. No tenía sentido de quién era ni de quién esperaba llegar a ser. Buscaba validación en todos los lugares equivocados y anhelaba atención, sin darme cuenta de que la atención que recibía me estaba hiriendo. Quería ser visto, incluso por las razones equivocadas, porque me sentía invisible.

Incluso durante los años en que Dios me estaba sanando, a menudo me colocaba en situaciones que ponían en peligro mi seguridad, mi dignidad e incluso mi vida. Acepté mucho menos de lo que merecía porque no creía que valiera más. Al mirar atrás, puedo ver cuántas veces Dios me protegió y evitó que el daño llegara hasta mí.

Pero en lugar de buscar ayuda, permanecí en silencio. Me avergonzaban mis decisiones y las personas que permití en mi vida, personas que solo causaban más daño. Debido a que temía no ser deseada y estar sola, me aferré a relaciones que me lastimaban, guardando silencio cuando debería haber hablado y sosteniéndome cuando debería haberme alejado.

Si pudiera retroceder y hablar con la versión más joven de mí misma, suavemente tomaría su rostro entre mis manos y le diría: Ana, eres amada. Eres valiosa. No tienes que correr tras el primer hombre que te preste atención. Mereces más —mucho más— que migajas de afecto. Le diría que espere un amor que vea su corazón, no solo su presencia; un amor que la proteja, respete y valore como la hija de Dios que realmente es.

Y a toda mujer que esté leyendo esto, quiero que escuche esta verdad: tu pasado no te define. Los errores que has cometido, el dolor que has soportado, la fragilidad que has cargado—nada de eso determina tu valor. Tienes el poder de romper las cadenas, elevarte por encima de tus circunstancias, reclamar tu valía y reescribir tu historia.

Sobre todo, quiero que sepas esto: eres preciosa a los ojos de Dios, profundamente amada por Él y por siempre la niña de sus ojos.

Acerca de la autora Dra. Ana María Serrano

Como fundadora del Ministerio Corazón de Dios (fundado el 5 de mayo de 2001), la Dra. Ana Serrano ha estado ayudando a mujeres a escapar de la violencia doméstica durante casi tres décadas.

No solo ha ayudado a cientos de mujeres a decidir dejar sus relaciones abusivas, sino que también ha ayudado a mujeres a comprender el sistema legal, a menudo complicado e intimidante. Como sobreviviente de violencia doméstica, la Dra. Serrano ha trabajado incansablemente para ayudar a las mujeres a liberarse de sus relaciones abusivas, porque cree que no es la voluntad de Dios que las mujeres permanezcan atrapadas en el sufrimiento.

Todo el trabajo de la Dra. Serrano se centra en empoderar a las mujeres y en crear espacios seguros para ellas y sus hijos.

La Dra. Serrano se unió a la Reserva del Ejército y obtuvo su ciudadanía en 1978. Después de 16 años, dejó la Reserva del Ejército para criar a sus hijos tras su divorcio. Tras una pausa en el servicio, se incorpora a la Reserva del Ejército para finalizar su carrera y se jubiló en diciembre de 2019. La Dra. Serrano obtuvo su licenciatura en Psicología en 1988. Obtuvo su maestría en Psicología Forense en 2013 y, después de defender exitosamente su disertación, obtuvo su doctorado en Psicología en 2021. Desde diciembre de 1990, la Dra.

Serrano vive en Oceanside, California, donde ha establecido su hogar y ha criado a sus dos hijos.

Disfruta leer, ir a la playa, pasear a su perro y pasar tiempo con amigos.

Índice

El día que sus cadenas cayeron

Lo encontró en una tierra desértica, en el vacío aullante del desierto; seguía dando vueltas alrededor. Él lo observó penetrantemente; lo guardó como a la niña de sus ojos. **Deuteronomio 32:10.**

www.ingramcontent.com/pod-product-compliance
Lightning Source LLC
LaVergne TN
LVHW010614110826
845149LV00003B/908

* 9 7 8 1 9 7 2 5 4 1 0 0 5 *